Der unselige Papst

Pius XII. und seine Verstrickung
in die Verbrechen des 20. Jahrhunderts

... und weshalb der Vatikan ausgerechnet
ihn seligsprechen will

H0244772

Der unselige Papst

Pius XII.
und seine Verstrickung
in die Verbrechen
des 20. Jahrhunderts

... und weshalb
der Vatikan ausgerechnet
ihn seligsprechen will

Matthias Holzbauer

DAS WEISSE PFERD

1. Auflage 2012

© Verlag DAS WEISSE PFERD GmbH

Max-Braun-Str. 2, 97828 Marktheidenfeld
Tel. 09391/504-212, Fax 09391/504-210
www.das-weisse-pferd.com
info@das-weisse-pferd.com

Druck: Klardruck GmbH, Marktheidenfeld

ISBN 978-3-9808322-6-7

INHALTSVERZEICHNIS

7

*„Erwägt man
das Verhalten Eugenio Pacellis
zu Politik von Mussolini, Franco, Hitler und Pavelic,
so scheint es kaum eine Übertreibung, zu sagen:
Pius XII. ist wahrscheinlich mehr belastet als jeder
andere Papst seit Jahrhunderten.*

*Mittelbar und unmittelbar ist er so offensichtlich
in die ungeheuersten Gräuel der faschistischen Ära
und damit der Geschichte überhaupt verstrickt,
dass es bei der Taktik der römischen Kirche nicht
verwunderlich wäre, spräche man
ihn heilig.“*

*Karlheinz Deschner, „Mit Gott und den Faschisten“,
1965, S. 257*

Zur Einführung

Rolf Hochhuth hat Geschichte geschrieben. Wäre er im Jahr 1963 nicht mit seinem Theaterstück „Der Stellvertreter" in eine weitgehend ahnungslose Öffentlichkeit hineingeplatzt, so hätte Eugenio Pacelli, der als Pius XII. fast 20 Jahre lang auf dem Papstthron saß, höchstwahrscheinlich längst seinen Platz im katholischen „Seligen"-Himmel eingenommen. Nun jedoch sitzt er noch immer im Vorzimmer wegen eines schwerwiegenden Makels: zum Holocaust an Millionen von Juden geschwiegen zu haben.

Doch die römische Kurie denkt in langen Zeiträumen. Ob Paul VI., Johannes Paul II. oder Benedikt XVI. – es vergehen immer nur wenige Jahre, bis ein neuer „Versuchsballon" gestartet wird: Wie reagiert die Öffentlichkeit jetzt? Sind schon genügend kritische Zeitzeugen weggestorben? Wann endlich verblasst die historische Erinnerung? Derweil bleibt man im Vatikan keineswegs untätig: Man bastelt fleißig an einem neuen Pius-Bild, versucht ihn in Büchern und Fernsehfilmen zum stillen, aber unerschrockenen Retter zahlreicher Juden in der Endphase des Krieges hochzustilisieren – und erkennt ihm nebenbei schon mal den „heroischen Tugendgrad" zu, der einen „Seligen" nun mal ausmacht.

In den letzten Jahren erleben wir fast eine Inflation neuer Pius-Bücher. Wozu dann noch ein weiteres – noch dazu nicht von einem Historiker, sondern von einem Journalisten?

Weil gerade bei diesem Thema die Historiker zum einen, so kundig sie im Einzelfall auch sein mögen, meist kirchlich geprägt sind. Und weil sie zum anderen in ihren neuen Büchern meist die langfristige historische Linie der Vatikanpolitik außer Acht lassen, für die Pacelli nun einmal steht. Sie beißen sich statt dessen an Details fest und verengen den Blick, so wie die gesamte Öffentlichkeit, auf den Holocaust, statt ihn zu weiten und neben dem Völermord an den Juden auch andere Verbrechen mit einzubeziehen.

Was umso gravierender ist, als grundlegende Werke zu diesem Thema, vor allem die von Karlheinz Deschner, inzwischen vergriffen sind. Der große historische Bogen, den er spannte, droht in Vergessenheit zu geraten. Wenn wir nicht aufpassen, werden wir abermals zu Zeitzeugen einer folgenreichen Geschichtsklitterung.

Denn das Thema ist noch lange nicht „durch", das zeigen nicht zuletzt die zahlreichen Veröffentlichungen.

Umso wichtiger ist es, genauer hinzuschauen und die Frage zu stellen: Weshalb ist gerade diese Seligsprechung für den Vatikan so wichtig?

Und da lohnt es sich, einmal einen Schritt zurückzutreten und die gesamte Zeitepoche eines Mannes in den Blick zu nehmen, der wie kaum ein zweiter fast sein gesamtes Leben im unmittelbaren Dienst des Vatikans verbracht hat. Das Schweigen Eugenio Pacellis zum Holocaust, auf das sich die Diskussion heute zumeist zuspitzt, behält dabei zwar den wichtigen Platz, der ihm zukommt. Doch es wird dann zu einem historischen Skandal neben anderen, die den Lebensweg dieses Kirchenmannes auf Schritt und Tritt säumen: Absprachen und Bündnisse mit faschistischen Diktatoren in ganz Europa, stillschweigende Duldung von brutalen Kriegen und entsetzlichen Völkermorden – und das alles, um dem Papsttum auch in der mehr und mehr aufgeklärten Moderne die unerbittliche und absolute Herrschaft über die katholischen Herzen und Hirne zu erhalten, die es im Mittelalter besaß.

Hinter der unnahbaren Fassade eines kränkelnden und asketischen Klerikers kommt bei näherer Betrachtung ein Machtmensch zum Vorschein, der vom Schreibtisch aus weltgeschichtliche Entscheidungen einer ganze Epoche mitbestimmt hat – und zwar nicht

14

zum Wohle der Völker, ganz im Gegenteil. Betrachtet man das gesamte Leben dieses Seligen-Anwärters näher, dann versteht man besser, weshalb seine Erhebung zur „Ehre der Altäre" wohl auf der Agenda der Päpste bleiben wird, auch über Joseph Ratzinger hinaus: Es geht um nichts weniger als um den Marsch der Vatikankirche zurück ins Mittelalter.

Und diesen Marsch zu stoppen, das gebieten nicht nur die Menschenrechte, die Demokratie und die Werte der Aufklärung. Das sind wir, soweit wir uns Christen nennen, auch dem großen Liebe- und Weisheitslehrer Jesus von Nazareth schuldig, den es zu rehabilitieren gilt gegen diejenigen, die Seinen Namen permanent missbrauchen.

Das Buch fasst im wesentlichen den Inhalt einer 6-teiligen TV-Serie zusammen, die unter dem Titel „Wer schweigt, macht sich schuldig" ausgestrahlt wurde. Auf diese Entstehungsgeschichte sind auch gelegentliche Wiederholungen wichtiger Aussagen zurückzuführen.

Marktheidenfeld, im Januar 2012

Der Autor

KAPITEL 1:

Ein Film und seine Hintergründe:

Seligsprechung mit Hindernissen

Es war der Abend des katholischen Feiertags Allerheiligen. Am 1. November 2010 wurde um 20.15 Uhr im *Ersten Deutschen Fernsehen (ARD)* und parallel auf dem italienischen Sender *RAI uno* zur besten Sendezeit ein Film mit dem schlichten Titel *Pius XII.* ausgestrahlt. Und genauso schlicht oder vielmehr platt wie der Titel war auch die Handlung des Filmes. Es ging nämlich ausschließlich darum, Pius als „Wohltäter der Juden" darzustellen, der persönlich dafür gesorgt habe, dass einige römische Juden Unterschlupf in den Klöstern und Pfarrhäusern der Stadt fanden.

Manch ein Zuschauer rieb sich verwundert die Augen: War Pius XII. nicht *der* Papst, der zum Holocaust geschwiegen hat? Das spielte in diesem Film jedoch kaum eine Rolle. Kein Wunder, wurde er ja auch produziert im Auftrag der italienischen *RAI* und des *Bayerischen Rundfunks* – zweier Sender, die nicht gerade als besonders kirchenkritisch bekannt sind. Mit von der Partie war noch die italienische Produktionsfirma

Lux Vitae, in der – wie Insider berichten – einiges an Geldern aus dem Vatikan steckt.

Zwei öffentlich-rechtliche Fernsehsender aus Italien und Deutschland investieren also Millionen an Geldern aus öffentlichen Rundfunkgebühren in einen Film, der diesen äußerst umstrittenen Papst verherrlicht und die kritischen Seiten seines Lebens konsequent ausblendet. Und der Verdacht liegt nahe: Werden wir hier nicht zu unfreiwilligen Zeitzeugen, wie wieder einmal die Geschichte verfälscht und verklärt wird – und zwar von den Drahtziehern und ihren Verbündeten? Werden hier nicht die Opfer ein zweites Mal zu Opfern, indem man das volle Ausmaß ihrer Leiden verschweigt? Und *wie* man Geschichte verfälscht und verklärt, darin hat gerade der Vatikan jahrhundertelange Erfahrung.

„Ein einseitiger Film voller historischer Ungenauigkeiten"

Wer wüsste das besser als die jüdischen Mitbürgerinnen und Mitbürger, die auf eine lange, leidvolle und tragische Erfahrung zurückblicken – gerade mit dieser Kirche, die über viele Jahrhunderte die Menschen zum Hass auf die Juden anstachelte und damit den Boden für den Holocaust mehr oder weniger vorbereitete?

18

Der Ober-Rabbiner der Stadt Rom, Ricardo di Segni, protestierte umgehend in der Novemberausgabe der Zeitschrift *Shalom* gegen diesen Film, der nach seiner Meinung einen ganz bestimmten Zweck verfolgt habe, nämlich „die absolute Güte dieses Pontifex zu zeigen und all das, was er getan hat, politisch und moralisch, zu rechtfertigen." Doch man könne, so der Ober-Rabbiner weiter, „die historische Kontroverse nicht durch eine den Glauben verteidigende Absolution einfach verkürzen". Er bedaure es persönlich, dass die Produktionsfirma *Lux Vitae* diesmal „einen so einseitigen Film voller historischen Ungenauigkeiten" herausgebracht habe.[1]

Der Film spielt in Rom und handelt fast ausschließlich von der Deportation eines großen Teils der jüdischen Gemeinde im Oktober 1943 und der nachfolgenden Rettung einiger Juden in katholischen Klöstern und anderen Einrichtungen. Und es ist klar, dass die heutige, die wieder erstandene jüdische Gemeinde Roms diese Vorgänge sehr genau kennt.

Verschwiegen wurde in dem Film zum Beispiel, dass Pius XII. gegen die Deportation selbst – die praktisch vor seiner Haustüre stattfand – keineswegs protestiert hat, obwohl er unter anderem von jüdischen Familien, die sich verstecken konnten, dazu aufgefordert wurde – von Familien, die sich von ihm erhofften, dass er den Abtransport der in Rom inhaftierten Juden nach Auschwitz vielleicht noch stoppen könnte.[2] Es war auch nicht der Vatikan, der erreichte, dass einige der zunächst in Rom eingesperrten Juden wieder frei kamen – wie es in dem Film fälschlicherweise dargestellt wird –, sondern es waren die betreffenden Gefangenen selbst, die mit ihren Papieren beweisen konnten, dass sie keine Juden waren oder dass sie einen nicht-jüdischen Ehepartner hatten.

Auch die Pläne Adolf Hitlers zu einer Entführung des Papstes, die es tatsächlich gab, wurden nicht, wie im Film dargestellt, erst durch eine melodramatische Begegnung eines SS-Mannes mit dem Papst verhindert. Dieser Mann konnte vielmehr Adolf Hitler persönlich davon überzeugen, dass dieser Schuss für die deutsche Armee nach hinten losgehen würde.

Nicht nur melodramatisch, sondern fast schon gotteslästerlich geriet die Filmszene, in der Pacellis Haushälterin ihn aufforderte, gegen die Judenverfolgung zu protestieren, sonst werde man ihn später „kreuzigen". Worauf dann der Film-Pius antwortet: „Das ist eben mein Kreuz, und ich muss es alleine tragen."

Wie sieht das ein Christ, der sich nicht an der Kirche, sondern an der ursprünglichen Lehre des Nazareners orientiert? Dieser Papst ist der Vertreter einer Machtinstitution, die in der Geschichte eine grauenhafte Blutspur hinter sich her zieht. Was hat dieser Papst mit Jesus von Nazareth zu tun, mit dem er hier verglichen werden soll? Soll er am Ende noch zum Märtyrer hochstilisiert werden? Und beachten wir auch den gravierenden Unterschied: Pacelli trägt das Kreuz seiner Gewissensbisse, weil er nicht zur rechten Zeit geholfen hat. Jesus hingegen trug das Ihm von der damaligen Priesterkaste auferlegte Kreuz, weil Er seinen Mitmenschen geholfen hat und für sie da war.

Im Vergleich zu Italien nahm man diesen Film in Deutschland eher gelangweilt zur Kenntnis. Trotz bester Sendezeit erzielte er enttäuschende 8% Quotenanteil, bei den jüngeren Zuschauern unter 50 Jahren gar nur 4,5 %.

Doch gerade die jüngere Generation in Deutschland sollte wachsam sein und genau beobachten, was der Vatikan hier möglicherweise wieder im Schilde führt. Denn wenn man eines aus der Geschichte lernen kann, dann ist es die Einsicht, dass die Aussagen dieser fast zwei Jahrtausende alten Institution über die Vergangenheit meist auch auf die Gegenwart und auf die Zukunft gezielt sind.

Ein „außerordentliches Geschenk" des „Herrn"?

Und deshalb gehen wir der Frage nach: Weshalb ist ausgerechnet dieser Papst dem Vatikan so wichtig, dass er alle Hebel in Bewegung setzt und allen Einfluss geltend macht – den er ohne Zweifel noch immer in den Massenmedien besitzt – um diesen Mann, Eugenio Pacelli mit bürgerlichem Namen, von allen Vorwürfen reinzuwaschen? Und Reinwaschen – das geht heutzutage am besten durch einen aufwändig gemachten, möglichst rührseligen Film einschließlich Liebesgeschichte und allem Drum und Dran. Warum also ist dieser Papst und sein Leumund so wichtig?

Um der Antwort auf diese Frage auf die Spur zu kommen, blenden wir zunächst in den April 2010 zurück. Damals wurde in Italien eine Vorabfassung dieses Filmes vorgeführt, und zwar ausgerechnet in Castelgandolfo, der Sommerresidenz des Papstes, und in Anwesenheit von Papst Joseph Ratzinger. Zur Erinnerung: Die Auftraggeber des Films waren der *Bayerische Rundfunk* und die italienische *RAI*. Warum wohl hat ihn der Papst als Erster vorgeführt bekommen? Etwa um ihn abzusegnen?

Aufschlussreicher noch als die Tatsache dieser Vorab-Vorführung sind die Kommentare, die Papst

Ratzinger dazu gemacht hat: „Pius XII. war ein barmherziger Papst", sagte er laut *Radio Vatikan (10.4.2010)*. Der Pacelli-Papst sei in dieser Zeit ein „Vater für alle" gewesen. Der Papst habe für die Rettung Roms und vieler Verfolgter in den Jahren 1943 und 1944 eine „fundamentale Rolle" gespielt. Weiter sagte Papst Ratzinger: „Pius XII war der Papst unserer Jugendzeit. Mit tiefem Wissen hat er den Menschen seiner Zeit viel weitergegeben. Damit zeigte er den Weg der Wahrheit. Und mit seiner Weisheit hat er der Kirche die Richtung in das dritte Jahrtausend gezeigt. Insbesondere liegt mir am Herzen, Pius XII. als den barmherzigen Papst in Erinnerung zu behalten. Das war in einer sehr schwierigen Zeit."

Konkreter wurde er nicht, der Papst. **Was** hat sein Vorgänger „weitergegeben"? **Welchen** „Weg der Wahrheit" hat er gelehrt? **Was** war so „barmherzig" im Leben Pius XII.?

Doch das war keineswegs die erste Lobhudelei Ratzingers in Richtung Eugenio Pacelli. Im November 2008 hatte er sich sogar zu der Behauptung verstiegen, Pius XII. sei ein „Geschenk Gottes" gewesen. Wörtlich sagte er: „Mit der Persönlichkeit von Pius XII. hat der Herr seiner Kirche ein außerordentliches Geschenk gemacht, für das wir ihm dankbar sein müssen".[3)]

Welcher „Herr" ist hier gemeint? Wer die blutige Kir-
chengeschichte kennt, der weiß: Jesus von Nazareth
war nie der „Herr" dieser Kirche, denn Er, der Nazare-
ner, hat nie eine Kirche gegründet. Aber welcher „Herr"
könnte dann hinter diesem „Geschenk" stecken? Für
***wen** war dieser Papst ein „Geschenk"? Und war er tat-*
sächlich ein „Vater für alle"?

Doch bleiben wir zunächst noch bei unserer Aus-
gangsfrage: Weshalb ist dieser Mann für den Vatikan
so wichtig? So wichtig, dass schon seit 1965 (!) ein
sogenannter „Seligsprechungsprozess" für ihn läuft?
Der allerdings kommt und kommt einfach nicht voran.
Weshalb nur?

Für die von der Kirche vorangetriebene „Seligsprechung" gibt es eine Blockade. Vor allem jüdische Mitbürgerinnen und Mitbürger fühlen sich verhöhnt, wenn
sie sich vorstellen: Ausgerechnet **der** Papst, der zum
Holocaust geschwiegen hat, soll zur katholischen
„Ehre der Altäre" erhoben werden? Und dennoch
setzt der Vatikan immer wieder alle Hebel in Bewegung, um genau diesem Ziel näher zu kommen. Kurz
vor Weihnachten 2009 tat Papst Ratzinger einen weiteren wichtigen Schritt in diese Richtung, als er gleich
zwei Päpste auf einmal – Johannes Paul II. und Pius
XII. – den sogenannten „heroischen Tugendgrad" zu-

erkannte. Der „heroische Tugendgrad" ist traditionell eine der wesentlichen Voraussetzungen für eine Seligsprechung. Was jetzt noch fehlt, ist ein Wunder, das durch die Betreffenden bewirkt worden sein soll; dass zum Beispiel jemand gesund geworden ist, der zuvor die verstorbenen Päpste um Beistand gebeten hatte. Und irgendein fanatischer Kirchenanhänger, der solches bezeugt, wird sich sicher noch irgendwo finden lassen ...

„Fürbitten" an Verstorbene sind Spiritismus

Die meisten Zeitgenossen haben sich an die skurrilen Gebräuche der Vatikankirche so gewöhnt, dass sie gar nicht mehr darüber nachdenken. Doch die Frage sei erlaubt: Sind „Fürbitten" an Verstorbene nicht blanker Spiritismus? Weshalb eigentlich braucht der Mensch Mittler, wenn er Gott, seinen Vater, um etwas bittet?

Das hat die Kirche so eingefädelt, weil sie seit Jahrhunderten die Vorstellung eines grausamen und strafenden Gottes verbreitet, der durch Rituale oder Opfer „besänftigt" werden müsse – oder eben durch die Fürsprache eines „Kontaktmanns", der angeblich besonders gute „Beziehungen nach ganz oben" habe. Im Grunde sieht dieser katholische „Himmel" aus wie ein durch und durch korrupter Staat, in dem auf dem „normalen Dienstweg" nichts läuft. Der „normale Dienstweg", das wäre im übertragenen Sinn die direkte vertrauensvolle Hinwendung des Menschen zum Schöpfergott und zu Christus, die mit Ihrer Kraft in jedem Menschen und in jeder Seele gegenwärtig sind. Aber dann bräuchte man ja keine Priesterkaste, die auf Kosten der Gläubigen in Prunk und Reichtum lebt ...

Die Vatikankirche hindert seit Jahrhunderten die Menschen daran, sich direkt an Gott zu wenden und ein e c h t e s Vertrauensverhältnis zu Gott aufzubauen, indem sie aus dem Gott der Liebe, den uns Jesus, der Christus, lehrte, einen strafenden, unberechenbaren Gott gemacht hat, der ein blutiges Opfer – Seinen Sohn – benötigt, um Seinen Zorn zu besänftigen. Und weshalb sollen die Menschen keine direkte unmittelbare Beziehung des Kindes zum Vater-Mutter-Gott aufbauen? Weil sie dann keine Vermittler mehr bräuchten, keine Heiligen als Fürsprecher, aber auch keine Priester und keine Bischöfe, keine Kardinäle und erst recht keinen Papst. Gott, der Ewige, benötigt keinen Stellvertreter auf Erden, denn Er selbst ist in jedem Menschen vertreten. Und Jesus, der Christus, hat auch keine Heiligenverehrung ins Leben gerufen – ganz im Gegenteil: Er sagte sinngemäß: Geht in das „stille Kämmerlein" und wendet euch nach Innen, denn das Reich Gottes ist inwendig in euch. Er lehrte uns, dass wir wieder „vollkommen" werden sollen, dass wir also Kinder Gottes sind, auf dem Weg zurück zu Ihm.

Und auch: Heilig ist nur Einer, so sprach Jesus, nämlich Gott, unser Vater. Im Vaterunser lehrte Er uns, dass wir zu unserem Vater im Himmel einfach „Vater", sagen können, dass wir Ihn, den Allmächtigen, also mit „Du" anreden dürfen. Doch Seine angeblichen Nachfolger im Priester- und Bischofstalar, im Kardinalspurpur und im weißen Papstgewand, das den Schein heiligen soll, sind beleidigt, wenn man sie nicht mit „Hochwürden", „Eminenz", „Exzellenz" oder gar „Heiliger Vater" anspricht. Verkehrte Welt?

„Heilige Väter": nach dem Tod zurückgestuft

Weil wir schon beim Thema „Heiligsprechung" sind: Jesus von Nazareth lehrte also, es gebe nur einen „heiligen" Vater. Warum gibt es dann in der Kirche so viele so genannte „Heilige"? Vordergründig sind das Menschen, die dieser Kirche gut gedient haben; und die Kirche ehrt dafür ihre Diener und beruft sie zu „Heiligen". Aber wenn es doch nur einen „Heiligen Vater" gibt, den im Himmel, so wie Jesus von Nazareth es uns lehrte, dann ist die weitere Frage: Wo werden die vielen „Heiligen" der Kirche dann sein? Im Himmel können sie ja nicht sein, denn dort gibt es ja nur einen Heiligen, das ist Gott. Jesus selbst hat es so gelehrt.

Und dazu passt noch eine weitere Frage: Was ist eigentlich mit den vielen guten Menschen, die nicht katholisch sind? Warum werden immer nur Katholiken „heilig" gesprochen? Vielleicht, weil die anderen bereits an der Hand von Christus Richtung „Himmel" gehen und eine solche kirchliche Prozedur gar nicht benötigen?

Doch wie dem auch sei: Die Verehrung von „Heiligen" oder der Vorstufe davon, der „Seligen", hat nichts mit Jesus von Nazareth zu tun. Sie stammt aus dem Heidentum, wo es diverse Götter und Halbgötter zu verehren galt, und dort hat es sich die katholische Kirche abgeschaut. Überdies ist es ja auch äußerst merkwürdig, dass im Falle der Päpste diese zwar schon zu Lebzeiten mit „Heiliger Vater" angeredet werden sollen. Da sind sie also angeblich schon heilig. Sobald sie aber verstorben sind, werden sie offenbar zurückgestuft. Dann müssen sie sozusagen wieder die „Ochsentour" von ganz unten antreten und erst einmal mühsam wieder „selig" werden und noch später vielleicht wieder „heilig". Und wie mühsam das ist, das sieht man gerade an Pius XII.

„Selige" im Doppelpack

In diesem Zusammenhang ist der „Doppelpack" von Ende 2009 sehr interessant: Pacelli und Wojtyła bekamen beide den „heroischen Tugendgrad" und sollten, so war es offenbar geplant, auch gemeinsam selig werden. Das erinnert an das Jahr 2000. Da hat Papst Karol Wojtyła selbst einen ähnlichen Doppelpack auf den Weg gebracht: Er sprach gleichzeitig die beiden Päpste Pius IX. und Johannes XXIII. selig.

Pius IX.: Das war der Papst, der im Jahr 1870 das Dogma der „päpstlichen Unfehlbarkeit" verkündete und der außerdem ein Antisemit war. Er weigerte sich, ein jüdisches Kind, das von der päpstlichen Polizei entführt worden war, weil ein katholisches Dienstmädchen dieses Kind heimlich getauft hatte, seinen Eltern wieder zurückzugeben.

Johannes XXIII. hingegen, Papst Guiseppe Roncalli, der Papst des Zweiten Vatikanischen Konzils, war sehr beliebt. Irgendwie kommt einem das so vor wie bei einem Arzt, der einem kranken Kind eine bittere Medizin verabreichen soll: Er fügt ein Stückchen Zucker dazu, damit das Kind nicht sofort das Gesicht verzieht. Und so war es offenbar auch 2009 geplant: Der beliebte Johannes Paul II. wird der Weltöffentlichkeit offeriert, damit sie Pius XII. mit dem bitteren Beigeschmack millionenfachen Leides endlich ebenfalls schluckt.

Wobei zu diesem Zeitpunkt auch die Seligsprechung des Vorgängers von Benedikt XVI. vorübergehend ins Stocken geraten war. Denn Johannes Paul II. hatte den mexikanischen Priester und Ordensgründer der Legionäre Christi, den Bigamisten und Kinderschänder Marcial Maciel, Zeit seines Lebens gedeckt und offenbar auch verhindert, dass die Affären des Kinderschänders Kardinal Groer in Österreich wirklich aufgedeckt und aufgearbeitet werden konnten. Und trotzdem hat er von Joseph Ratzinger schon mal vorab den „heroischen Tugendgrad" zugesprochen bekommen. Was kein Wunder ist: Ratzinger und Wojtyła verbindet ja so manches. So war Joseph Ratzinger als Kardinal der Glaubenskongregation unter seinem Vorgänger viele Jahre lang über die Vertuschung ungezählter Kinderschänderverbrechen durch pädokriminelle Unholde im Priestertalar genauestens unterrichtet.

Aber die geplante Seligsprechung von Pius XII. geht noch wesentlich zäher vonstatten. Dabei war nach seinem Tod im Oktober 1958 von irgendwelchen Vorbehalten zunächst noch kaum etwas zu spüren. Dieser Papst hatte ja die Aura eines unnahbaren Aristokraten um sich verbreitet. Man nannte ihn wegen seiner blassen, asketisch anmutenden Gestalt auch „Pastor Angelicus", den engelgleichen Hirten. Doch mit der Verehrung war es schlagartig vorbei, als im Jahr 1963 der deutsche Dramatiker Rolf Hochhuth sein Stück „Der Stellvertreter" in die deutschen Theater brachte. Nichtsdestotrotz wurde bereits im Jahr 1965 das Seligsprechungsverfahren für Pius XII. eröffnet.

„Hitler's Pope"

Rolf Hochhuth bezeichnet Papst Pacelli bis heute als „erbärmlichen Feigling", weil er es unterlassen hat, klar gegen die Vernichtung der Juden Stellung zu beziehen. Und bis heute hat sich der geistige Kampf um die Deutungshoheit bezüglich dieses umstrittenen Papstes eher noch verschärft. Bereits in den 60er Jahren des 20. Jahrhunderts begann der preisgekrönte Schriftsteller Karlheinz Deschner, in mehreren Büchern die umfangreiche Verstrickung dieses Papstes in die historische Schuld des 20. Jahrhunderts aufzuzeigen. Um die Jahrtausendwende spitzte es sich dann noch einmal zu: Der britische Journalist und Buchautor John Cornwell veröffentlichte 1999 sein Buch „Hitler's Pope" („Hitlers Papst"), dessen deutsche Ausgabe den Titel trägt: „Pius XII, der Papst, der geschwiegen hat".

Cornwell, ein praktizierender Katholik, war nach eigenem Bekunden angetreten, Pius zu entlasten. Doch je länger er sich mit dem Thema beschäftigte, desto mehr kam er zu dem Schluss, dass dies um der Wahrheit willen nicht möglich war. Und so schreibt er im Vorwort seines Buches:

„Mitte 1997, als ich meine Recherchen beinahe abgeschlossen hatte, befand ich mich innerlich in einem Zustand, den ich nur als moralische Erschütterung bezeichnen kann. Das Material, das ich gesammelt hatte und das mir einen umfassenden Überblick über Pacellis Leben lieferte, führte nicht zu einer Entlastung, sondern zu einer weitreichenden Anklage. Meine Untersuchungen über die Laufbahn Pacellis seit Beginn des Jahrhunderts [gemeint ist das 20. Jahrhundert] erzählen die Geschichte eines Strebens nach beispielloser päpstlicher Macht, das 1933 dazu geführt hat, die Kirche in eine Komplizenschaft mit den dunkelsten Kräften des Jahrhunderts hineinzuziehen".[4]

Das „Streben nach beispielloser päpstlicher Macht" – das ist in der Tat ein Schlüsselbegriff, den man im Auge behalten sollte, wenn man die Vorgänge rund um diese historische Figur Pius XII. tiefer verstehen will. Denn dieses Streben nach „beispielloser päpstlicher Macht" ging im Zweifelsfall auch über Leichen, und deshalb war Karlheinz Deschner bereits im Jahr 1965 zu dem Schluss gekommen:

„Erwägt man das Verhalten Eugenio Pacellis zur Politik von Mussolini, Franco, Hitler und Pavelić, so scheint es kaum eine Übertreibung, zu sagen: Pius XII. ist wahrscheinlich mehr belastet als jeder andere Papst seit Jahrhunderten. Mittelbar und unmittelbar ist er so offensichtlich in die ungeheuersten Gräuel der faschistischen Ära und damit der Geschichte überhaupt verstrickt, dass es bei der Taktik der römischen Kirche nicht verwunderlich wäre, spräche man ihn heilig." [5]

Und genau das ist offenbar geplant. Doch man kennt die Vatikankirche schlecht, wenn man nun annähme, dass sie sich den historischen Tatsachen ehrlich stellen würde, um sie endlich einmal gründlich aufzuarbeiten. Stattdessen erleben wir in den letzten Jahren, dass etliche katholische Journalisten und Historiker gerade über dieses Thema weitere Bücher herausgebracht haben, die mehr oder weniger das Ziel zu haben scheinen, die Vorgänge um Pius XII zu verharmlosen und zu relativieren. So, als könnte man durch viel Reden und Schreiben, durch theologisches und intellektuelles Argumentieren den klaren Blick auf die äußerst umstrittenen Grundzüge dieses Pontifikats vernebeln. Angesichts des verbissenen Eifers, der gerade heute zur Verteidigung Eugenio Pacellis an den Tag gelegt wird, scheint es um so dringlicher geboten, einmal einen näheren Blick auf das Leben dieses angeblichen „Stellvertreters Christi" zu werfen.

Der kaltherzige Papst

War er wirklich so „barmherzig", wie uns sein Nachfolger Joseph Ratzinger glauben machen möchte? Oder war er nicht in Wahrheit ein eher kaltherziger Papst, der kaum in der Lage war, sich überhaupt in seine Mitmenschen einzufühlen, die er mit seinen Taten und mit seinem Schweigen gleichermaßen in Leid und Not stürzte? War er wirklich ein „Vater für alle", wie Papst Ratzinger vollmundig behauptet? War er dann auch der Vater der sechs Millionen Juden, die in den Konzentrationslagern ermordet wurden, ohne dass er seine Stimme dagegen erhob? War er der Vater der orthodoxen Serben, die zu Hunderttausenden von katholischen kroatischen Faschisten umgebracht wurden – worüber Pacelli genau Bescheid wusste, ohne dagegen einzuschreiten? War er der Vater der im spanischen Bürgerkrieg und im Abessinienkrieg Italiens hingemetzelten Männer, Frauen und Kinder – er, der damals als Kardinal-Staatssekretär der zweitwichtigste Mann seiner Kirche war? Einer

Kirche, die in beiden Kriegen klar für die faschistische Seite Partei ergriff und deren Gewaltexzesse rechtfertigte und segnete? War er der Vater der Soldaten, die im Zweiten Weltkrieg auf beiden Seiten der Front mit Hilfe seiner Militärpfarrer in den Tod geschickt wurden, oft genug noch fast bis zum so genannten „Endsieg", angespornt auch von katholischen Bischöfen, die von den Kanzeln die Hingabe des Leibes und des Lebens forderten?

Vielleicht war er der „Vater" der Kriegsverbrecher katholischen Glaubens bis hin zu Adolf Hitler, die Pacelli nie exkommunizierte, im Gegensatz zu den Mitgliedern und Wählern der Kommunistischen Partei Italiens nach dem Krieg. Vielleicht war er der „Vater" der Kriegsverbrecher, die nach dem Zweiten Weltkrieg zu Tausenden von katholischen Klerikern auf der sogenannten „Rattenlinie" von einem Kloster zum anderen geschleust wurden, damit sie für ihre Taten nicht zur Verantwortung gezogen werden konnten. Das kann man ihm durchaus zugestehen. Doch der „Vater aller" war er sicherlich nicht. Und wenn ihm in dem eingangs erwähnten Film aus dem Jahr 2010 die sinngemäßen Worte in den Mund gelegt werden, Adolf Hitler habe „das Christentum misshandelt, ebenso wie die moralische Norm", und er habe „die Gleichheit aller Menschen verachtet", so haben die

Produzenten dieses Huldigungsfilms offenbar nicht bemerkt, dass solche Worte direkt auf Pius und seine Kirche zurückfallen. Denn diese hat über blutige Jahrhunderte hinweg bis hinein in das 20. Jahrhundert das wahre Christentum immer wieder misshandelt und mit Füßen getreten.

KAPITEL 2:

Der junge Pius und sein Umfeld (1876-1917):

Das schwarze Rom greift nach der Macht über die Seelen

Eugenio Pacelli wurde am 2. März 1876 in Rom geboren. 1876 ... das erscheint uns heute weit weg. Doch dieses Datum rückt vielleicht etwas näher, wenn man hinzufügt, dass im selben Jahr – nur zwei Monate früher – in der Nähe der mindestens ebenso katholischen Stadt Köln der wichtigste Vertreter des „rheinischen Katholizismus" der Nachkriegszeit zur Welt kam: Konrad Adenauer, der die Bundesrepublik Deutschland eineinhalb Jahrzehnte lang entscheidend geprägt hat. Und der kleine Eugenio, der im selben Jahr in Rom geboren wurde, sollte später einmal die Vatikankirche in unterschiedlichen Positionen, bis hinauf zum Papst, mehr als vier Jahrzehnte lang entscheidend mitprägen – und damit indirekt auch die Geschichte der Welt.

Der spätere Papst wurde in eine entscheidende und stürmische Epoche der italienischen Geschichte hineingeboren. Nur sechs Jahre vor seiner Geburt, im

September 1870, hatte das erst neun Jahr zuvor geeinte italienische Königreich sein Territorium vervollständigt, indem es den „Kirchenstaat" mit seiner Hauptstadt Rom fast kampflos eroberte. Damit war der Vatikan endlich wieder auf dem Boden der historischen Tatsachen angelangt. Er hatte „seinen" Staat verloren, den er sich mehr als 1000 Jahre zuvor durch eine der größten Betrugsaktionen der Weltgeschichte – durch die sogenannte „Konstantinische Schenkung" – ergaunert hatte. Durch eine gefälschte Urkunde war im 8. Jahrhundert behauptet worden, Kaiser Konstantin habe bereits im 4. Jahrhundert der römischen Kirche riesige Ländereien übereignet, und die fränkischen Könige waren darauf hereingefallen. Seitdem hatte der Vatikan von seinem Gebiet in der Mitte Italiens aus zahlreiche Kriege angezettelt und die verschiedenen Nachbarstaaten immer wieder gegeneinander ausgespielt, um seine eigene Macht zu mehren.

Doch damit war jetzt Schluss. Und was für den Vatikan noch ärgerlicher war: Kaum ein Italiener weinte diesem Staat eine Träne nach. Es war ein durch und durch morscher Feudalstaat, gegründet auf Ausbeutung und Zensur und zudem mit einem Ghetto, in dem die Juden über Jahrzehnte bis aufs Blut schikaniert und gequält worden waren. Doch wie reagierte nun der Vatikan? Er hat dem italienischen Staat diese Niederlage nie wirklich verziehen. Die Päpste zogen sich schmollend in ihren Palast auf dem Vatikanhügel zurück und spielten fast sechzig Jahre lang die Beleidigten. Mehr noch: Sie untersagten den italienischen Katholiken, mit diesem verhassten italienischen Staat irgendwie zu kooperieren oder sich an Wahlen zu beteiligen. Auch wenn sich natürlich keineswegs alle Italiener daran hielten, so wirken doch die Folgen dieses Boykotts des Staates durch die Kirche bis heute nach. Sie äußern sich in einer weit verbreiteten Geringschätzung des Staates und seiner Gesetze.

So schreibt zum Beispiel die *Süddeutsche Zeitung* am 9. November 2010 über den damaligen italienischen Ministerpräsidenten Silvio Berlusconi: „Er wollte nie akzeptieren, dass eine parlamentarische Demokratie nach anderen Regeln funktioniert als eine Firma ... Berlusconi erscheint auch so gut wie nie im Parlament. Das ist nicht der einzige Ausdruck seiner Verachtung und Missachtung der Staatsinstitutionen." In Deutschland oder der Schweiz wäre so eine Haltung eines maßgeblichen Politikers undenkbar. In Italien ist sie noch immer, 150 Jahre nach der Gründung des italienischen Staates, weit verbreitet. Und auch der Aufstieg der Mafia in bestimmten Teilen des Landes fand hier einen geeigneten Nährboden.

Anspruch auf Weltherrschaft

Doch ein über mehr als ein Jahrtausend gewachsener Machtapparat wie der Vatikan gibt nicht so rasch auf. Wie ein waidwundes Tier nahm er kurz Witterung auf, schüttelte sich und orientierte sich neu. Schon ein Jahr vor der Eroberung des Kirchenstaats durch italienische Truppen hatte Papst Pius IX. das 1. Vatikanische Konzil einberufen. Und auf diesem Konzil drückte er im Sommer 1870 gegen alle innerkirchlichen Widerstände das Dogma der päpstlichen Unfehlbarkeit durch. Gleichzeitig – und das ist weniger bekannt – wurde auf demselben Konzil noch ein weiteres Dogma beschlossen, wonach dem Papst der „universale Jurisdiktions-Primat" zukomme. Darunter versteht man, „dass der ... römische Pontifex den Vorrang (primatum) über den ganzen Erdkreis inne hat", dass er „Haupt der gesamten Kirche, Vater und Lehrer der gesamten Christenheit ist... Die römische Kirche besitzt ... den Vorrang der ordentlichen Gewalt über alle anderen Kirchen". Und dieser Gewalt gegenüber „... sind Hirten und Gläubige jeglichen Ritus und Rangs ... zur Pflicht hierarchischer Unterordnung und wahren Gehorsams gehalten ..." Der Papst – so dieses Dogma weiter – ist „der Oberste Richter aller Gläubigen", dessen Gewalt die allerhöchste auf Erden ist, sodass er selbst von keinem gerichtet werden kann. „Es wird noch eigens betont", so fügt der Religionswissenschaftler Hubertus Mynarek hinzu, „dass dies ‚die Lehre der katholischen Wahrheit' sei, ‚von der niemand abweichen kann, ohne Schaden zu leiden an einem ... Heil'".[6]

Dieses Dogma von 1870 ist bis heute gültig. Und was ist es anderes als der Anspruch auf die Weltherrschaft? Um nicht zu sagen: Größenwahnsinn in Potenz? Eine katholische Wahrheit ist es ohne Zweifel. Aber mit der Wahrheit Gottes, des Allerhöchsten, hat sie nicht das Geringste zu tun. Der Schöpfergott ist nach der Lehre des Nazareners absolute Liebe. Er verdammt keines Seiner Kinder, sondern lässt jedem die absolute Freiheit. Vor Gott gibt es keine Hochgestellten und keine Untergebenen, erst recht keine Dogmen und verdammungsbewehrten Glaubenssätze. Jeder Katholik hingegen muss solche Sätze glauben, wenn er nicht „Schaden an seinem Heil leiden" will, oder deutlicher formuliert: Wenn er nicht in der ewigen Hölle landen möchte.

Die Vatikankirche hat es von alters her so eingerichtet, dass sie ihre wesentlichen Glaubenssätze nicht mehr zurücknehmen kann, selbst wenn sie es wollte. Denn dann würden die Päpste sich ja in wesentlichen Glaubensfragen widersprechen. Das kann aber nach katholischer Lehre nicht sein!

Gerade in einer Situation, in der die Kirche ihre unmittelbare weltliche Macht verliert – nämlich während der Bildung der italienischen Nation – erhebt also die Vatikankirche so deutlich wie kaum je zuvor ihren Anspruch auf die absolute Weltherrschaft. Wenn wir bedenken, dass Jesus von Nazareth sagte „Mein Reich ist nicht von dieser Welt" *(Johannes 18, 36)*, dann können wir ermessen, wie meilenweit der Papst und die Vatikankirche von Ihm entfernt sind. Gerade angesichts des Dogmas des „universalen Jurisdiktionsprimats" wird auch klar, weshalb die Institution Katholisch es sich bis heute erlaubt, ihr eigenes Kirchenrecht über die Gesetze von Staaten – auch demokratischer Staaten – zu stellen. Denken wir nur an die unterlassene Verfolgung von Straftaten in den eigenen Reihen, etwa bei Kinderschänderverbrechen durch Kleriker.

Doch was hat nun Papst Pius XII. mit all dem zu tun? Dies alles erfolgte ja vor seiner Geburt. Nun, Pius XII. war der Papst, der wie kaum ein anderer diese von seinem Vorgänger Pius IX. vorgegebene Linie weiter verfolgte, und zwar kompromisslos – und, wie wir noch sehen werden, ohne jede Rücksicht auf das Schicksal ganzer Völker, auch ohne Rücksicht auf die eigenen katholischen Gläubigen. Sein Lebensweg führte ihn an Millionen von Leichen vorbei und über viele Leichen hinweg, von denen er wohl zumindest einen großen Teil hätte retten können.

Gerade durch die Hartnäckigkeit, mit der heute Papst Joseph Ratzinger – so wie fast sämtliche seiner Vorgänger der letzten 50 Jahre – ausgerechnet diesen Papst Pius XII. selig sprechen will, hat er uns sozusagen auf eine heiße Spur gesetzt.

„Er kam bereits als Priester zur Welt"

Diese Spur beginnt nur sechs Jahre nach dem 1. Vatikanischen Konzil, am 2. März 1876, als in Rom im Haus des Kirchenanwalts Filippo Pacelli der kleine Eugenio zur Welt kommt. Man muss sich Rom damals als eine Stadt vorstellen, durch die ein unsichtbarer Riss ging: Das „neue Rom", die neue Hauptstadt des vereinigten Königreichs Italien, stand dem „schwarzen Rom" gegenüber. Und auf welcher Seite die Familie Pacelli stand, deren Ernährer bereits in dritter Generation für die Kurie arbeiteten, das verstand sich von selbst. Die „gut katholischen" Bürger des päpstlich gesinnten „schwarzen Rom" protestierten auch in ihrem Alltagsleben gegen einen Staat, der die jahrhundertealte absolutistische Macht des Vatikans einfach mit einem Federstrich zu beenden trachtete. Manche von ihnen trugen zum Beispiel nur *einen* Handschuh; sie stellten im Wohnzimmer einen Stuhl mit der Sitzfläche zur Wand oder sie hielten bestimmte Fensterläden aus Protest geschlossen.

Eugenio Pacelli im Alter von sieben Jahren.

Der kleine Eugenio war „spindeldürr und von zarter Konstitution", so beschreibt ihn John Cornwell in seinem Buch *Der Papst, der geschwiegen hat*. Doch er zeigte „von frühem Alter an ein beeindruckendes Maß an Intelligenz und Gedächtnisstärke. ... Als Kind bestand sein liebstes Spiel darin, Priestergewänder anzuziehen und in seinem Schlafzimmer die Messe zu zelebrieren. ... Als eine Tante nicht zur Maiandacht gehen konnte, weil sie krank war, veranstaltete der kleine Eugenio für sie eine Ersatzandacht einschließlich der Predigt".[7]

Es gibt hier eine auffällige Parallele: Auch der kleine Joseph Ratzinger hatte ganz ähnliche Anwandlungen. In seinem Buch *Papst-Entzauberung* zitiert der Religionswissenschaftler Hubertus Mynarek den derzeitigen Papst mit den Worten: „Als später einmal der Kardinal Faulhaber in unsere Gegend kam, mit seinem gewaltigen Purpur, hat der mir natürlich um so mehr imponiert, so dass ich gesagt habe, so was möchte ich werden." Und an anderer Stelle erinnert sich Ratzinger: „Meine Eltern hatten mir schon in der zweiten Schulklasse mein erstes Missale gekauft." Hubertus Mynarek kommentiert: „Man vergegenwärtige sich: Der Junge ist gerade mal sieben oder acht Jahre alt und kriegt schon das Messbuch, das der Priester am Altar benutzt".[8] Sein Bruder Georg, der später auch Priester wurde, hat natürlich fleißig mitgespielt.

Wie ist das, wenn z. B. berühmte Musiker schon als Kleinkinder auf erstaunliche Weise zu musizieren und zu komponieren beginnen? Und zukünftige Päpste halten eben schon als Kinder Messen und Predigten. Könnte das nicht mit der Reinkarnation zusammenhängen? Die Möglichkeit wiederholter Einverleibungen gehört schließlich zum Urwissen der Menschheit, und dieses Wissen war auch im frühen Christentum durchaus präsent. Es wäre also durchaus denkbar, dass die Seele eines Papstes sich nach dem Tod des Körpers einige Zeit später gezielt wieder eine „hundertfünfzigprozentig" katholische Familie aussucht – wie sie bei Pacelli und Ratzinger ohne Zweifel vorhanden war – und genau dort wieder anfängt, wo sie aufgehört hat.

Als der 18-jährige Pacelli nach dem Abitur seinen Eltern mitteilte, er wolle Priester werden, wunderte sich in der Familie niemand darüber. Seine ältere Schwester Elisabetta kommentierte es im Nachhinein mit den Worten: „In unseren Augen war er bereits als Priester zur Welt gekommen" [9].

Landeplatz für die nächste Einverleibung?

Wir bewegen uns hier natürlich auf einem Gebiet, auf dem es keine Beweise gibt. Reinkarnation ist Glaubenssache. Doch es könnte sich lohnen, gerade an dieser Stelle der Frage nachzugehen: Weshalb will der Vatikan eigentlich, dass ganz bestimmte Päpste heiliggesprochen werden? Ist das nur ein merkwürdiges Ritual oder eben der katholische Kult? Oder geht es noch um etwas anderes?

Nehmen wir einmal an, dass sich tatsächlich im Zuge der Reinkarnation bestimmte Seelen immer wieder „gezielt" dort einverleiben, wo sie später Papst werden können. Dann würde womöglich ein relativ kleiner „Club" von Seelen, die sich immer wieder abwechseln, ausreichen, um fast die gesamte Papstgeschichte abzudecken. Könnte es dann nicht auch sein, dass man durch eine Heiligsprechung den Seelen ganz bestimmter Päpste, die die Macht der Kirche besonders wirkungsvoll vermehrt haben, einen größeren Einfluss auch vom Jenseits aus ermöglichen will? Zu einem sogenannten „Heiligen" kann und soll ein Katholik ja beten. Und was passiert dabei? Er ruft die Seele eines Verstorbenen um „Beistand" an, er nimmt Kontakt mit ihr auf. Und genau auf diesem Wege, der keine Einbahnstraße ist, könnte dann diese Seele vom Jenseits aus vermehrt Einfluss nehmen – natürlich wieder im Sinne einer ganz bestimmten Kirchenpolitik!

Das würde dann nicht von ungefähr an schwarze Magie oder an Spiritismus erinnern. Doch vielleicht könnte noch etwas Zusätzliches geschehen: Ein selig oder heilig gesprochener Papst erfährt besondere Verehrung; seine Seele bekommt durch die Gebete und Fürbitten sozusagen vermehrt Energie von braven Katholiken – etwa, damit er um so rascher und zielsicherer wieder den Landeplatz für die nächste Einverleibung findet? Wird also am Ende durch die Verehrung eines „Seligen" oder „Heiligen" hier auf der Erde eine Art Magnet aufgebaut, der die kirchlich geprägte „Führer-Seele" wieder in das nächste Erdenkleid ziehen kann?

Eines steht jedenfalls fest: Eine Selig- und Heiligsprechung bedeutet, auch unabhängig von solchen
Erwägungen, eine immense Aufwertung für einen
Papst, und dahinter steckt ganz unverblümt die Botschaft: So wie dieser sollen es seine Nachfolger auch
machen. Und nicht nur die, sondern auch alle anderen
Kleriker. Er ist ein Vorbild im katholischen Sinne. Und
genau unter diesem Aspekt ist es interessant, den Lebenslauf von Papst Pius XII. weiter zu verfolgen.

Steile Karriere im Vatikan

Bereits zwei Jahre nach seiner Priesterweihe, im
Jahr 1901, wurde der junge Priester Eugenio Pacelli
im Alter von nur 25 Jahren für den Vatikan rekrutiert.
Pietro Gasparri, ein damals 49jähriger Experte für Kirchenrecht, kam persönlich in die elterliche Wohnung,
in der der junge Priester noch immer wohnte. Er lud
ihn ein, mit ihm gemeinsam die Kirche „gegen den An-
sturm des Säkularismus und Liberalismus in Europa"
zu verteidigen[10]. 29 Jahre später, im Jahr 1930, sollte
dann der Lehrling Pacelli seinem Meister Gasparri auf
den Stuhl des Kardinalstaatssekretärs, des zweitwich-
tigsten Mannes im Vatikan, nachfolgen.

Der junge Vatikanbeamte Pacelli erlebte noch die
beiden letzten Jahre des Pontifikats von Papst Leo

XIII. aus nächster Nähe mit. Dieser Papst wird bis heute in katholischen Kreisen als „Arbeiterfreund" gehandelt, weil er 1891 eine Enzyklika zur sozialen Frage („Rerum novarum") herausgebracht hatte. In Wahrheit hatte der Vatikan nur Angst vor dem Sozialismus und möglichen Arbeiterunruhen und wollte dieser Gefahr durch die Gründung eigener katholische Arbeitervereine vorbeugen. Die Kirche hat in ihrer Geschichte immer zu den Mächtigen gehalten und die Ausgebeuteten ermahnt, die angeblich gottgegebene Ordnung nicht umzustürzen; und da machte auch Leo keine Ausnahme. Wie der absolute Monarch im Vatikanpalast wirklich über soziale Dinge dachte, das sieht man an seinem Verhalten, wie es John Cornwell beschreibt: „Von katholischen Besuchern wurde erwartet, bei der Begrüßung zu seinen Füßen zu knien, und während seines Pontifikats sprach er nie auch nur ein einziges Wort zu seinen niederen Dienern" [11]. Er war eben der über ihnen thronende „Nachfolger Petri".

Auf Leo XIII. folgte 1903 Pius X., und unter der Ägide dieses Papstes stieg der junge Pacelli rasch die vatikanische Karriereleiter empor. Was dies bedeutet, kann man ermessen, wenn man weiß, dass Giuseppe Sarto alias Pius X. ein ausgesprochener Inquisitor auf dem Papstthron war. Er führte 1910 die sogenannten

„Antimodernisten-Eide" ein: Jeder Priester musste unter anderem schwören, dass Christus selbst die Kirche eingesetzt habe, und er musste jegliche kritische und historische Untersuchung der Kirchenlehre und der Bibel rundheraus ablehnen. Das kirchliche Personal sollte unter allen Umständen von dem „Gift"

Pius X. (1835-1914).

abgeschottet werden, das insbesondere aus den USA oder Frankreich in die Reihen der Kleriker einzusickern drohte: der Gedanke etwa, dass Demokratie etwas in der Kirche zu suchen haben könnte. Etliche Priester wurden auch exkommuniziert, so der französische Theologe Alfred Loisy, von dem der bekannte Satz stammt: „Jesus verkündete das Reich Gottes, und gekommen ist die Kirche." Dabei ist dies schlichtweg die Wahrheit. Dass Jesus von Nazareth keine Kirche gegründet und auch keine Priester eingesetzt hat, ist eine historische Tatsache! Kann man das so einfach leugnen?

Man kann, wenn man Papst ist. Der Antimodernisteneid wurde erst 1967 abgeschafft, nicht ohne anschließend durch ein verbindliches „Glaubensbekenntnis" ersetzt zu werden. Dass die Gehirnwäsche der Kleriker durch ihre eigene Kirche im Grunde noch immer dieselbe ist wie vor hundert Jahren, das zeigt beispielhaft ein Vorgang aus dem Jahr 1997. Kardinal Joseph Ratzinger, der spätere Papst, sprach in seiner Eigenschaft als Präfekt der Glaubenskongregation, der Nachfolgebehörde der „Heiligen Inquisition", gegen den Theologen Tissa Balasuriya aus Sri Lanka die Exkommunikation aus. Balasuriya hatte sich geweigert, ein ihm vom Vatikan vorgelegtes Schriftstück zu unterschreiben. Darin stand unter anderem der Satz: „Außerdem nehme ich mit religiöser Unterwerfung des Willens und des Intellekts sowohl alle Lehren, die der Papst, als auch alle Lehren, die das Bischofskollegium verkündet, an, wenn sie das ordentliche Lehramt ausüben und auch wenn sie diese Lehren in einer nicht endgültigen Art und Weise vortragen".[12]

Hier wird das eigene Gewissen völlig ausgeschaltet und auch der Verstand. Aber genau darum geht es ja. Pius IX., der X., der XI. und der XII. hätten es nicht besser formulieren können. Von den Exegeten – den Theologen, die die Bibel auslegen – verlangte Pius X. einen zusätzlichen Eid. Der Schwörende gelobte, „die

Grundsätze (principia) und Dekrete, die durch den Apostolischen Stuhl und die päpstliche Bibelkommission veröffentlicht sind oder noch veröffentlicht werden (!), als die oberste Richtschnur und Norm treu und aufrichtig zu bewahren und unverletzlich zu beschützen und dass ich sie niemals durch die Lehre oder durch Wort und Schrift bekämpfen werde".[13]

Für den unverbogenen gesunden Menschenverstand ist das unfassbar! Die Priester mussten also noch im 20. Jahrhundert etwas beschwören, das sie noch gar nicht kannten, denn sie mussten auch geloben, diejenigen Dekrete anzuerkennen, die noch gar nicht veröffentlicht waren! Sozusagen ein Maulkorb im voraus, ein vorauseilender Gehorsam in Potenz, ein totaler Verzicht auf eigenständiges Denken, und zwar für ein ganzes Theologen-Leben!

Arbeitete auch Pacelli für den Vatikan-Geheimdienst?

Aber diese Eide genügten Papst Pius X. immer noch nicht. Er richtete zusätzlich einen eigenen innerkirchlichen Geheimdienst ein, eine „Kurial-Gestapo", wie Karlheinz Deschner sie bezeichnet, und zwar zur Bespitzelung der eigenen Leute! Dass der junge Pacelli diesem „antimodernistischen Spitzelnetzwerk", wie der katholische Priester und Historiker Hubert Wolf es unverblümt nennt, während der gesamten Amtszeit Pius X., also elf Jahre lang, unbeschadet entging, sagt schon einiges über seinen Charakter aus. Wie Hubert Wolf in seinem Buch *Papst und Teufel* erklärt, spricht einiges dafür, dass Pacelli selbst in den Geheimdienst mit dem klingenden lateinischen Namen „Sodalitium pianum" verwickelt war. Er sei nämlich „immerhin fünf Jahre unmittelbarer Zuarbeiter" des Leiters dieses Geheimdienstes, Umberto Benigni, gewesen „und wurde sein Nachfolger auf dem Posten als Untersekretär".[14] Doch auch wenn Pacelli selbst nicht mitgespitzelt haben sollte, so hat er sich zumindest stromlinienförmig angepasst. Und dieser Inquisitorenpapst Pius X. war ihm immerhin so wichtig, dass Pacelli ihn als Pius XII. 1954 persönlich – als bisher letzten Papst – heiliggesprochen hat! Er tat dabei den Ausspruch: „Himmlische Freude überströmt Unser Herz!"[15] Und genau dieser Papst Pius X. ist bis in die Gegenwart hinein der Namensgeber der berüchtigten *Bruderschaft St. Pius,* zu der auch der Holocaust-Leugner Bischof Richard Williamson gehört.

Wer also Papst Pius XII. selig und heilig sprechen will, wie es Papst Benedikt XVI. plant, der spricht auch den von Pius XII. persönlich heilig gesprochenen Inquisitorenpapst Pius X. ein zweites Mal heilig.

Was aber ist das anderes als eine massive Kampfansage an die Verfassung eines modernen demokratischen Rechtsstaats, in der Meinungsfreiheit, Glaubensfreiheit und Entscheidungsfreiheit, also der freie Wille des Menschen, verankert sind? Eine Seligsprechung von Pius XII. wäre auch ein Signal, dass der Vatikan die Menschenrechts-Verhinderungs-Politik fortsetzen will, die die Päpste seit Jahrhunderten praktizieren. Denken wir nur an Gregor XVI., der 1832 die Gewissensfreiheit des Menschen wörtlich als „Wahnsinn", lateinisch „deliramentum", bezeichnete. Auch der angeblich so liberale Leo XIII. hat erklärt, „dass es niemals erlaubt ist, die Gedankenfreiheit, Pressefreiheit, Lehrfreiheit sowie die unterschiedslose Religionsfreiheit zu fordern". Und noch Papst Paul VI. hat die Welt beschworen, die „rechte Freiheit des Gewissens" nicht mit einer „falschen Gedankenfreiheit" zu verwechseln.[16)] Was „falsch" und „richtig" ist, das bestimmt natürlich immer der jeweilige Papst und niemand sonst.

Es wird sich noch zeigen, welcher Staat das Ideal von Pius XII. war. Das war auf keinen Fall der demokratische Rechtsstaat mit einer Vielzahl gleichberechtigter Religionen, mit Glaubens- und Gewissenfreiheit. Das war der katholisch geprägte Ständestaat mit faschistischen Zügen, wie er mehr als 35 Jahre im Spanien Francos bestand, oder eine kurze Zeit in Österreich unter Kanzler Dollfuß; wie ihn das Italien Mussolinis verkörperte oder das katholische Kroatien während des 2. Weltkriegs, wo hunderttausende von orthodoxen Serben von Katholiken bestialisch umgebracht wurden, ohne dass Papst Pacelli auch nur mit einem Wort eingegriffen oder das Morden gebremst hätte. Doch dazu später mehr.

Der Vatikan
als Kriegstreiber zum Ersten Weltkrieg

Als der „heilige" Papst Pius X. im August 1914, also kurz nach Ausbruch des Ersten Weltkriegs, verstarb, da war der intelligente und zielstrebige Vatikanbeamte Pacelli längst mit seinem Lebensthema befasst: Zusammen mit seinem Mentor Gasparri arbeitete er an der Ausarbeitung von Konkordaten, also von Verträgen zwischen Staat und Kirche. Solche Verträge gab es in der Geschichte immer wieder, doch jetzt wurden sie für den Vatikan besonders wichtig: Weil er nicht mehr über einen eigenen Staat verfügte und über dessen Möglichkeiten zur diplomatischen und machtpolitischen Einflussnahme, verlegte er sich notgedrungen mehr aufs Verhandeln. Wobei man sagen muss: Wer bei solchen Verhandlungen bis heute über den Tisch gezogen wird, das ist niemals die Kirche, das ist immer der Staat. Und immer geht es dabei um zwei Dinge: um die Indoktrination der Kinder durch die Kirche und um das Geld, das der Staat an die Kirche zahlen soll.

Es geht dem Vatikan also ausschließlich um seinen Vorteil, um seine Macht, um sein Geld. Hier war Pacelli rasch in seinem Element, und bereits mit dem ersten Konkordat, das er aushandelte, schrieb er Geschichte. Allerdings nicht im positiven Sinne. Er heizte nämlich durch seine Rücksichtslosigkeit und Kaltschnäuzigkeit massiv die Spannungen an, die wenig später zum Ausbruch des Ersten Weltkriegs führen sollten.

Am 24. Juni 1914 schloss der Vatikan nach 18-monatigen Geheimverhandlungen unter Pacellis Federführung ein Konkordat mit dem Königreich Serbien ab. Durch dieses Abkommen wurden all die traditionellen Rechte missachtet und ausgehebelt, die bis dahin auf dem Balkan der Hegemonialmacht Österreich-Ungarn zugekommen waren. Die Habsburger-Monarchie war es nämlich gewesen, die sich mit dem Segen der Päpste exklusiv für den Schutz der versprengten katholischen Minderheiten auf dem überwiegend orthodox geprägten Balkan zuständig fühlen durfte. Doch für derlei althergebrachte Befindlichkeiten war in der rigorosen neuen Linie des Vatikans kein Platz mehr: Der römischen Kurie ging es ausschließlich darum, ihre Macht über die Katholiken in aller Welt ohne Umwege in ihren eigenen Händen zu bündeln. Zentralisierung hieß das neue Zauberwort.

Was dieses Vorgehen in den betroffenen Ländern und Völkern an Diskussionen und Spannungen auslöste und wie es die politische Großwetterlage beeinflusste, war dem vatikanischen Verhandlungsführer Eugenio Pacelli offenbar völlig gleichgültig. Warnungen auch aus den eigenen Reihen ließ er unbeachtet. Das Ergebnis dieses Konkordats war dann tatsächlich eine erhebliche Verschärfung der Spannungen zwischen Österreich-Ungarn und Serbien. In Wien geriet die anti-serbische Stimmung auf einen Siedepunkt. Alle politischen Kräfte von links bis rechts waren sich darin einig, dass dieses Konkordat ein Affront, eine Demütigung Österreichs durch Serbien war, die man so nicht einfach hinnehmen könne.

Und als dann nur vier Tage (!) nach Abschluss dieses Konkordats, nämlich am 28. Juni 1914, das habsburgische Thronfolger-Ehepaar in Sarajevo ermordet wurde, da waren, so schreibt John Cornwell, „die Emotionen bereits hoch gepeitscht. Das serbische Konkordat trug ohne Zweifel zu den kompromisslosen

Forderungen Österreichs an Serbien bei, die den Krieg unvermeidlich machten." [17)]

Doch den Vatikan trifft keineswegs nur eine indirekte Mitschuld am Ausbruch des Ersten Weltkriegs Ende Juli 1914. Karlheinz Deschner hat in seinem umfassenden Werk *Die Politik der Päpste im 20. Jahrhundert* herausgearbeitet, dass der von Pius XII. so hochverehrte und 1954 heiliggesprochene Papst Pius X. und sein Kardinalstaatssekretär Merry del Val (für den Pacelli 1953 den Seligsprechungsprozess einleiten ließ) mit zu den ganz direkten Kriegstreibern gehörten. Zwei Tage vor Ausbruch des Krieges, am 26. Juli 1914, schickte der bayerische Geschäftsträger beim Römischen Stuhl, Baron von Ritter, ein Telegramm nach München mit folgendem Wortlaut:

„Baron Ritter an die bayerische Regierung. Der Papst billigt ein scharfes Vorgehen Österreichs gegen Serbien. Der Kardinalstaatssekretär hofft, dass dieses Mal Österreich standhalten wird. Er fragt sich, wann es denn sollte Krieg führen können, wenn es nicht einmal entschlossen wäre, mit den Waffen eine ausländische Bewegung zurückzuweisen, die die Ermordung des Erzherzogs herbeigeführt hat, und die in Rücksicht auf die gegenwärtige Lage Österreichs dessen Fortbestand gefährdet." [18)]

Auf Deutsch: Der Papst will den Krieg. Wie brisant der Inhalt dieses Telegramms ist, zeigt sich in der Tatsache, dass der Journalist Felix Fechenbach, der als Staatssekretär in der bayerischen Staatskanzlei zur Zeit der Münchner Räterepublik 1919 dieses Telegramm fand und veröffentlichte, noch im Jahr 1922 für dessen Freigabe von einer rechtskonservativ beeinflussten Justiz zu elf Jahren Zuchthaus verurteilt wurde. Was Papst und Vatikan über Krieg und Frieden wirklich dachten, das sollte der Öffentlichkeit unter allen Umständen verborgen bleiben. Der jüdische Pazifist Fechenbach kam nur aufgrund öffentlicher Proteste nach zwei Jahren wieder frei. 1933 wurde er auf dem Weg ins Konzentrationslager Dachau von den Nazis ermordet.

Zurück ins Jahr 1914. Die Zeichen standen unmittelbar nach dem Attentat von Sarajevo keineswegs eindeutig auf Krieg. Der Thronfolger Franz Ferdinand war innerhalb der Monarchie nicht gerade beliebt, und man war mancherorts insgeheim sogar froh, ihn auf diese Weise los geworden zu sein. Doch im Verlauf weniger Wochen gewannen dann die Kriegstreiber die Oberhand. Unter diesen war auch der Vatikan, für den der Krieg die Aussicht brachte, mit Hilfe des katholischen Österreich-Ungarn nach Osteuropa vorzustoßen und dort die orthodoxen Kirchen nach einem gewonnenen Krieg auf die eine oder andere Weise wieder von Rom abhängig zu machen. Es ist ein uralter Traum der Vatikankirche, die im Jahr 1054 erfolgte Trennung zwischen römischer und orthodoxer Kirche wieder rückgängig zu machen – natürlich unter Führung des Vatikans, das versteht sich von selbst. Und dieser uralte Traum des Vatikans wird nach dem Ersten Weltkrieg auch einer der wichtigsten Gründe sein, weshalb die Romkirche sämtliche faschistischen Diktatoren Europas fördern und unterstützen wird.

„Gerechter Krieg" auf allen Seiten der Fronten

Doch unabhängig von solch strategischen Erwägungen ist jeder Krieg immer auch Wasser auf die Mühlen der Kirche. Die Menschen sind auf existentielle Weise mit Leid und Tod konfrontiert und suchen den Halt dort, wo man sie von Kindesbeinen an hindirigiert und -indoktriniert hat: in den Kirchen aus Stein und bei den Mittlern, die Gott angeblich zwischen sich und die Menschen gesetzt hat, also bei den Pfarren und Priestern. Und diese sind dann auch sogleich zur Stelle und schicken die Soldaten auf beiden Seiten der Front in den Tod, indem sie den Krieg auf beiden Seiten jeweils als „gerecht" und von Gott gewollt hinstellen. Wohlgemerkt: Auf beiden Seiten! So, als ob Gott sich selbst widersprechen oder sich selbst ad absurdum führen könnte!

Dabei war doch Jesus von Nazareth ein durch und durch friedliebender Pazifist, der Gewaltlosigkeit und Feindesliebe lehrte und der die Menschen ermahnte: „Wer zum Schwert greift, wird durch das Schwert umkommen!" Der nicht nur zum Frieden zwischen den Menschen aufrief, sondern auch zum Frieden zwischen Mensch und Natur! Bis zum Beginn des vierten Jahrhunderts konnte in der urchristlichen Bewegung, die Er ins Leben rief, kein Soldat, kein Metzger, kein Jäger in eine urchristliche Gemeinde eintreten, wenn er nicht zuvor seinen Beruf aufgab. Erst durch die verhängnisvolle Konstantinische Wende im 4. Jahrhundert, in deren Folge die katholische Kirche einzige Staatsreligion des Römischen Reiches wurde, wurde dies alles gründlich auf den Kopf gestellt und ins genaue Gegenteil verkehrt.

Pacelli und der "Codex Iuris Canonici"

Und mit Kaiser Konstantin hielten auch die Juristen Einzug in die Kirche, die dann im Auftrag des Kaisers die Dogmen und Glaubenssätze formulierten, die ab sofort jeder Katholik wortwörtlich zu glauben hatte, wenn er nicht ausgeschlossen und damit auf ewig verdammt sein wollte. So, als ob man die absolute Wahrheit Gottes in intellektuell ausgefeilten Sätze einfangen und ein für allemal festlegen könnte. Im Grunde ist es ja bis heute so geblieben. Denken wir an die Anti-Modernisten-Eide von Pius X., oder denken wir an die Glaubensbekenntnisse, die Papst Ratzinger als Leiter der Glaubenskongregation abtrünnigen Theologen vorgelegt hat.

Genau dieses Kirchenrecht war nun auch die Domäne des jungen Vatikanbeamten Eugenio Pacelli. Während Millionen seiner Altersgenossen auf den europäischen Schlachtfeldern mit Billigung und auf Betreiben seiner Kirche verbluteten, stellte Pacelli gemeinsam mit seinem Mentor Gasparri im Jahr 1917 die erste Fassung einer neuartigen Rechtssammlung fertig: den *Codex Iuris Canonici*, die Zusammenfassung des Kirchenrechts.

Zwar gab es auch zuvor schon ein Kirchenrecht und teilweise eine Zusammenfassung davon im so genannten *Corpus Iuris Canonici*, dem Vorläufer des von Pacelli verfertigten *Codex*. Doch aufs Ganze gesehen war das Kirchenrecht verstreut über eine Fülle von Verordnungen und Verfügungen, die je nach Land und Umständen voneinander abweichen konnten. Nun aber war die absolute Bündelung und Zentralisierung der päpstlichen Macht angesagt: Alle Katholiken weltweit sollten direkt und ohne Zwischeninstanzen auf den Papst als ihren obersten Chef verpflichtet und eingeschworen werden.

John Cornwell nennt die Herausgabe und weltweite Verbreitung dieses Kirchengesetzbuches „das vielleicht wichtigste Ereignis in der neueren Geschichte der katholischen Kirche", denn: „Seine Überzeitlichkeit und Universalität verlieh einer neuen und beispiellosen Auffassung von höchster päpstlicher Autorität ewige Gültigkeit." [19]

Wir erinnern uns: Auf dem ersten Vatikanischen Konzil 1870 hatte Papst Pius IX. nicht nur die Unfehlbarkeit des Papstes in Lehrfragen als Dogma verkündet, sondern auch den Jurisdiktionsprimat des Papstes, dass also der Papst oberster Richter aller Menschen ist. Und dieses Dogma wurde nun auch im Kirchenrecht fest verankert. Im *Kanon 218* steht zu lesen:

„Der römische Papst ... hat... die höchste und umfassendste jurisdiktionelle Vollmacht in der universellen Kirche, in Angelegenheiten des Glaubens und der Sitten sowie auch in jenen, die sich über die Disziplin und Verwaltung der Kirche in der ganzen Welt erstrecken." [20]

Im Klartext: Der Papst bestimmt alles. Er ist nicht nur der absolute Diktator im Vatikan, sondern er herrscht im Grunde über alle Katholiken weltweit, und zwar nicht nur über die Priester, sondern auch über die Laien. Die Generalsekretärin der SPD in Deutschland, die Katholikin Andrea Nahles, hat dies aus katholischer Sicht durchaus zutreffend erfasst, als sie in einem Interview über den Papst sagte: „Er ist der Chef vom Ganzen." [21]

Jesus von Nazareth hingegen beanspruchte keine weltliche Macht. Er sagte: „Mein Reich ist nicht von dieser Welt." Und Er ließ allen Menschen die Freiheit, über ihr Leben selbst zu entscheiden. Denn alle sind freie Kinder Gottes, denen Er den freien Willen geschenkt hat.

Pius XII. -
Garant vatikanischer Weltmachtsansprüche

Wenn man sich einmal klar macht, wie es dem Vatikan gelungen ist, innerhalb von nur etwas mehr als hundert Jahren von einem absoluten politischen Tiefpunkt wieder zu weltpolitischer Bedeutsamkeit aufzusteigen, dann weiß man, was der Vatikan Leuten wie Eugenio Pacelli zu verdanken hat.

Im Jahr 1861 hatte der Vatikan seinen weltlichen Staat verloren, zehn Jahre später auch noch die Stadt

Rom. Die Päpste waren bekannt als erbitterte Feinde jeder Bestrebung, Demokratie oder Menschenrechte einzuführen, und unzählige demokratisch gesinnte Menschen atmeten nun auf. Die Vatikanherrscher waren zur Bedeutungslosigkeit herabgesunken und der Lächerlichkeit preisgegeben. Man diskutierte offen über die Blutspur, die die Kirche in der Geschichte hinter sich hergezogen hat. Und obwohl diese Blutspur im 20. Jahrhundert, wie wir noch sehen werden, keineswegs zu Ende war, ganz im Gegenteil, gelang es den Päpsten bis heute, sich in der Welt wieder zu einer Art moralischen Autorität hochzuspielen.

Das ganze hat durchaus System: Je mehr Kinderschänderskandale von Priestern, je mehr Verwicklungen des Vatikans in mafiöse Geldgeschäfte heute aufgedeckt werden, desto mehr pocht der Papst auf diese angemaßte, im Grunde aber zutiefst hohle Autorität. Und desto mehr versucht er anzuknüpfen an Männer wie Pacelli, deren zäher Sturheit und verbissener Kaltherzigkeit er diese angemaßte Autorität letztlich zu verdanken hat. Nicht zuletzt deshalb soll Pius XII. heute selig und heilig gesprochen werden.

Im Grunde könnte man sagen: Dass der Vatikan es geschafft hat, sich innerhalb von einem runden Jahrhundert wieder das Etikett des Moralischen umzuhängen, das ist so etwas von unglaublich, das ist ein derartiger Etikettenschwindel, dass sich dieses Betrugsmanöver durchaus messen kann mit dem oben erwähnten anderen großen Betrug der Weltgeschichte, mit der Konstantinischen Schenkung.

Damals war es der Frankenkönig Pippin, der auf diesen Betrug hereinfiel. Heute sind es weite Teile der Weltöffentlichkeit, im September 2011 z.B. die Mehrzahl der deutschen Bundestagsabgeordneten, die sich von einem angeblichen „Stellvertreter Christi" derart blenden ließen, dass dieser sogar im Bundestag sprechen durfte – ein mit totalitärer Vollmacht regierender Alleinherrscher vor einem demokratisch gewählten Parlament. Sie fielen herein auf das Etikett „christlich", obwohl doch Jesus von Nazareth nie eine Kirche gegründet, nie Priester eingesetzt hat, geschweige denn einen Papst.

Einer, der sich nicht blenden ließ, sondern der ganz genau hinschaute und die Geschichte der Kirche so gründlich untersuchte wie kaum ein zweiter, ist der mehrfach preisgekrönte Schriftsteller Karlheinz Deschner, der nach vielen Jahren zu dem Schluss kam:

„Nach intensiver Beschäftigung mit der Geschichte des Christentums kenne ich in Antike, Mittelalter und

Neuzeit einschließlich und besonders des 20. Jahrhunderts keine Organisation der Welt, die zugleich so lange, so fortgesetzt und so scheußlich mit Verbrechen belastet ist wie die christliche Kirche, ganz besonders die römisch-katholische Kirche." [22)]

Wobei man noch hinzufügen müsste: Mit „christlich" und Christus hat diese Kirche mit Sicherheit nichts, aber auch gar nichts zu tun. Das belegen die historischen Tatsachen zur Genüge.

KAPITEL 3

Erst Mussolini, dann Hitler (1917-1933):

Päpste als Steigbügelhalter des Faschismus

Wenn ein Papst selig gesprochen werden soll, dann will man ihn gleichsam zu einem Vorbild für künftige Päpste erheben. Von einer Vorstellung sollte man sich dabei allerdings rasch verabschieden: Dass nämlich eine Selig- oder Heiligsprechung durch die römische Kirche irgendetwas mit besonderen Tugenden ethischer und moralischer Art zu tun haben könnte, gar noch im Sinne des Jesus, des Christus. Nein: Hier geht es vor allem um die Unterwerfung der Gläubigen, um die Mehrung der Macht, des Reichtums und des Ansehens der Kirche selbst. Und wenn ein Papst selig und heilig gesprochen werden soll, dann erst recht!

Das heißt auch: Für einen Nachfolger des Jesus von Nazareth, der in seinem Leben die hohe Ethik und Moral des Jesus, des Christus – also die Hoheitslehre der Bergpredigt – anstrebt, wäre es alles andere als erstrebenswert, unter die katholischen Heiligen aufgenommen zu werden, im Gegenteil. Zumal ja Jesus von Nazareth

*auch keine Heiligen ernannt hat, sondern Er hat sinn-
gemäß gesagt: Nur Einer ist heilig, und das ist euer
Vater im Himmel.*

Und Helvetius, der bekannte französische Philosoph der Aufklärungszeit, hat schon im 18. Jahrhundert
über die katholische Kirche gesagt: „Liest man ihre
Heiligenlegenden, so findet man die Namen von tausend heiliggesprochenen Verbrechern!"

*Eugenio Pacelli 1917,
nach seiner Ernennung
zum Nuntius in Bayern.*

Doch noch ist es bei Pius XII. nicht soweit – ob-
gleich er aus vatikanischer Sicht den Einfluss der Romkirche durchaus gefördert hat. Wir haben gesehen,
wie schon der junge Vati-
kanbeamte Eugenio Pacelli
an maßgeblicher Stelle mit-
geholfen hat, den absoluten
Herrschaftsanspruch des Papsttums und die Zentralisierung der päpstlichen Gewalt auf Rom hin neu zu
formulieren und in konkrete Gesetze umzumünzen.
Und die konkrete Umsetzung des päpstlichen Herr-
schaftsanspruchs in allen Bereichen, das blieb auch

die Aufgabe Pacellis im weiteren Verlauf seiner Karriere. Im Mai 1917 wurde er zum Nuntius, also zum päpstlichen Boschafter, in München ernannt.

Man muss sich dazu die Situation am Ende des Ersten Weltkriegs vor Augen halten: Die großen Monarchien Mitteleuropas – das Habsburger Reich und das deutsche Kaiserreich – waren zusammengebrochen. Überall entstanden Demokratien. Doch Demokratie und Menschenrechte hatte der Vatikan immer bekämpft. Die Kaiser und Könige, über die der Vatikan im Volk über Jahrhunderte verbreitet hatte, sie seien „von Gottes Gnaden" eingesetzt, hatten der Kirche zum Dank dafür meist großzügige Privilegien eingeräumt. Jetzt tauchte überall in den Verfassungen der neu entstehenden Staaten die Forderung nach einer Trennung von Staat und Kirche auf, auch in der Weimarer Republik in Deutschland.

So viel Konkordate wir möglich!

Doch gerade diese Situation bot der päpstlichen Machtpolitik, die in sehr langen Zeiträumen zu denken pflegt, auch eine neue Chance: Wenn der demokratische Staat weniger in die Kirche hineinregiert als die bisherige Monarchie, dann kann der Vatikan – sprich: der Papst – in diesen Ländern nun umso leichter seinen absolutistischen Machtanspruch auf die gesamte Kirche, einschließlich aller Priester und Laien, durchsetzen.

Und genau dies war nun die Aufgabe Pacellis in Deutschland: so viele Konkordate wie möglich abzuschließen, und zwar nicht nur mit dem Deutschen Reich als Ganzem – das sollte Pacelli erst mit der Machtergreifung Hitlers im Jahr 1933 gelingen – sondern, entsprechend der föderalistischen Struktur Deutschlands, auch mit einzelnen Reichsländern, wie die heutigen Bundesländer damals genannt wurden. In seinem Buch *Die Politik der Päpste im 20. Jahrhundert* beschreibt Karlheinz Deschner die Stoßrichtung der römischen Konkordatspolitik wie folgt:

„Da der Kurie seit dem Verlust des Kirchenstaats die üblichen weltlichen Machtmittel mangelten, wurde allmählich die Konkordatspolitik – besonders nach dem Ersten Weltkrieg – Mittelpunkt ihrer Diplomatie. Damals, am 19. Mai 1918, trat auch der Codex Iuris Canonici in Kraft. Und brachte dies gewaltige, alle innerkirchlichen Verhältnisse systematisch erfassende und im engen Anschluss an das Papsttum disziplinierende Werk ... auch wenig Neues, ... so involverte doch die hier erreichte radikale interne Verrechtlichung auch nach außen Konsequenzen: besonders die Be-

seitigung jeder Staatskirchenhoheit und dafür die Verankerung gewisser Verordnungen des ‚kanonischen‘ Rechts im ‚weltlichen‘. Im Grunde nichts anderes als der alte Kampf um die Macht, die Sicherung und Ausweitung klerikaler Vorrechte mit neuen Mitteln, mit ‚legalen‘. Ein Konkordat also, schon im Mittelalter bekannt, wurde für die Päpste unter den veränderten Umständen ihres Machtkampfes immer mehr das erstrebenswerteste Ziel. Denn schließt die Kurie einen solchen Vertrag, hat fast immer sie den Vorteil – warum anders sollte sie einen Vertrag schließen!“ [23]

„Die politische Dummheit der Deutschen ist riesengroß“

Im Grunde ist das bis heute so geblieben. Und man muss sich wundern, wieso sich die Politiker immer wieder reihenweise von den schlauen Prälaten über den Tisch ziehen lassen. Karlheinz Deschner verfasste den hier gerade zitierten Text in den achtziger Jahren des vorigen Jahrhunderts, also noch vor dem Fall der Berliner Mauer. Doch seine Warnung und seine bestechend scharfe Analyse verhallte ungehört: Sämtliche aus der DDR hervorgegangenen „neuen Bundesländer“ schlossen nach der Wende Konkordate und Staatsverträge mit den beiden Großkirchen ab und verpflichteten sich zu jährlichen Millionenzahlungen an die steinreichen Kirchenkonzerne, so wie dies in den alten Bundesländern der Bonner Republik längst der Fall war.

Die deutschen Steuerzahler zahlen seither auch in den neuen Bundesländern z.B. die fürstlichen Gehälter der Bischöfe und Landesbischöfe samt Gefolge von acht- bis zehntausend Euro monatlich. In ganz Deutschland zahlen die Bundesländer auf diese Weise fast eine halbe Milliarde Euro pro Jahr an die Kirchen. Begründet werden diese dreisten jährlichen Raubzüge – man kann es kaum anders nennen – mit der Auflösung kirchlicher Fürstentümer in napoleonischer Zeit. Dabei ist eines klar: Selbst wenn diese Neuordnung der politischen Verhältnisse durch Napoleon eine derartige Entschädigung tatsächlich rechtfertigen würde – was sehr fraglich ist –, so wäre der damalige Verlust für die Kirche inzwischen längst mehrfach zurückbezahlt.

Und weil die Kirchen das sehr genau wissen, obwohl sie es nie zugeben würden, haben sie vorgesorgt und sich sogenannte „Ewigkeitsklauseln" oder „Freundschaftsklauseln" in die Verträge einbauen lassen. Da steht dann drin, dass diese Konkordate und Staatsverträge nur „im gegenseitigen Einvernehmen" der Vertragspartner geändert werden können. Mit anderen Worten: Der Staat gibt die Gesetzgebung hier freiwillig aus der Hand und verspricht der Kirche, neue Gesetze nur mit Zustimmung der Kirche zu erlassen. Die damit verbundenen astronomischen Zahlungen an die Kirche sind jedoch nur ein Teil der Summe, die der deutsche Staat den Kirchen jährlich an Subventionen und Steuerbefreiungen zugute kommen lässt. Alles in allem sind das rund 15 Milliarden Euro im Jahr!

Der Kabarettist Hagen Rether brachte es auf den Punkt: „Seht die Bischöfe und Kardinäle unter dem Himmel! Sie säen nicht, sie ernten nicht, und wir erhalten sie doch!"

Und was sagte Jesus von Nazareth dazu? „Häuft euch keine Schätze an, die Motten und Rost fressen." *(Mt 6, 19)* Die Dreistigkeit, mit der die Kirchen Jahr für Jahr den Staat ausplündern, hat bereits im 19. Jahrhundert ein Vertrauter Bismarcks vorhergesehen: Kurd von Schlözer, der zeitweise als preußischer Gesandter beim Vatikan tätig war und die vatikanische Politik rasch durchschaut hatte. Er sagte kurz vor seinem Tod: „Die politische Dummheit der Deutschen ist so riesengroß, dass man sie nicht zu fassen vermag." [24)] Noch früher hat es Johann Wolfgang von Goethe vorausgesehen:

„Ist Concordat und Kirchenplan
Nicht glücklich durchgeführt?
Ja, fangt einmal mit Rom nur an,
da seid ihr angeführt!" [25)]

Und in seinem *Faust* sagt Goethe: „Den Teufel spürt das Völkchen nie, und wenn er sie beim Kragen hätte".

Dass solche „Ewigkeitsklauseln" in einem Vertrag von vornherein juristisch sittenwidrig sind, kümmert bis heute weder die Kirchen noch die Politiker, die mit diesen gemeinsame Sache machen – auf Kosten der Steuerzahler.

Der Staat bzw. die deutschen Bundesländer könnten aber jederzeit aus diesen Verträgen aussteigen, ohne noch einen Cent zu bezahlen. Ja, sie **müssten** sogar aussteigen, würden sie die Verfassung ernst nehmen. Denn im deutschen Grundgesetz steht eindeutig, dass die finanziellen Leistungen des Staates an die Kirchen „abzulösen" sind. Wenn der Staat stattdessen aber, wie in Ostdeutschland, immer neue finanzielle Verpflichtungen eingeht, dann handeln die Staatsvertreter eklatant gegen ihre eigene Verfassung. Und das ist nicht erst seit heute so, auch nicht erst seit der Geltung des deutschen Grundgesetzes nach dem Zweiten Weltkrieg, sondern das gilt schon seit dem Ende des Ersten Weltkriegs. Denn genau diese Passage, dass die Staatsleistungen abzulösen sind, wurde aus der Weimarer Verfassung (Art. 138) des Jahres 1919 unverändert in das Grundgesetz übernommen.

Man muss sich das einmal vorstellen: Seit mehr als 90 Jahren steht ein eindeutiger Auftrag an die Politiker in der deutschen Verfassung. Doch kein Politiker, keine Partei macht bis heute ernsthafte Anstalten, diesen Auftrag auch umzusetzen. Die Kirche ist offenbar noch immer zu mächtig, und sie setzt bis heute sogar immer weitere, zusätzliche Zahlungen durch – alle natürlich auf die „ewige Freundschaft" ausgerichtet.

Der „Papst der Konkordate" und sein erstes Opfer

Und wer hat uns das alles eingebrockt? Niemand anderes als Kardinal Eugenio Pacelli, damals päpstlicher Nuntius in München. Im März 1924 schloss er nämlich ein bis heute gültiges Konkordat des „Heiligen Stuhls" mit dem Land Bayern ab. Auch damals schon verstießen die neu vereinbarten Zahlungen Bayerns an die Romkirche gegen die Weimarer Verfassung.

Wenn Papst Ratzinger also Pius XII. selig sprechen will, so will ein deutscher Papst den „Papst der Konkordate" selig sprechen, der den Raubzug der Kirche gegen den Steuerzahler im 20. Jahrhundert erneut eingeläutet und wieder salonfähig gemacht hat – und zwar unter permanenter Missachtung der deutschen Verfassung.

Doch was kümmert die Kirche eine staatliche Verfassung? Die Politiker hingegen geloben der Verfassung Treue und dürften sich nicht zu Ausführungsbeamten der Kirchenhierarchie degradieren lassen, was aber seit Jahrzehnten geschieht.

Nicht umsonst hatte sich der schlaue Fuchs Pacelli als erstes Opfer den Freistaat Bayern ausgesucht und dort eine Art „Musterkonkordat" ausgehandelt. Er tat es, weil hier die rechtsgerichteten und klerikalen Kräfte sehr stark waren. Er versäumte es auch nicht, in diesem Konkordat die kirchlichen Privilegien bei der Kindererziehung zu sichern, also die Subventionierung der Konfessionsschulen und den Religionsunterricht an staatlichen Schulen. Karlheinz Deschner kommentiert das wie folgt: „Muss die Kirche doch, Inbegriff alles Totalitären, den Menschen, kaum geboren, durch die Taufe vergewaltigen, um ihn bis zum Tod gängeln zu können." [26)]

Dem Nuntius Pacelli gelang es während der Weimarer Zeit, nicht nur mit Bayern ein solches Konkordat abzuschließen, sondern noch mit zwei weiteren deutschen Ländern: 1929 mit Preußen, dem damals mit Abstand größten deutschen Reichsland, und 1932 mit Baden. Pacellis Verhandlungspartner, selbst wenn sie ihm wie im Fall Bayern sehr gewogen waren, waren zum Teil schockiert, mit welcher Unverfrorenheit und Kaltschnäuzigkeit der römische Diplomat Maximalforderungen aufstellte und im Einzelfall sogar vor regelrechten politischen Erpressungen nicht zurückschreckte. So stellte er im Fall des Bayern-Konkordats zwar eine Unterstützung des Vatikans für die Interessen des Deutschen Reiches in Aussicht, und zwar bei der Frage der Bistumsgrenzen in den vom deutschen Reich abgetrennten Gebieten wie dem Saarland. Doch er fügte unmissverständlich hinzu, dies werde nur dann erfolgen, wenn Bayern zuvor in der Frage der schulischen Erziehung die Forderungen des Vatikans erfüllen würde.

In Baden wiederum drückte Pacelli 1932 das Konkordat durch, obwohl er genau wusste, dass dies in diesem Bundesland die Koalition zwischen der katholischen Zentrumspartei und den Sozialdemokraten sprengen würde – was dann auch prompt eintrat. Wie gesagt: Rücksichtnahme auf das Wohlergehen oder die politische Zukunft eines Landes oder Volkes – das existierte für Pacelli nicht. Entscheidend war einzig und allein, was der Heilige Stuhl – der so genannte Heilige Stuhl – beabsichtigte und was den politischen Zielen des Vatikans dienlich war.

Da kommt vielleicht so manchem der Gründer des dubiosen katholischen Geheimbundes Opus Dei, der Spanier José Maria Escrivà de Balaguer, in den Sinn. Er hat seinen Schülern als Leitsatz folgendes mit auf den Weg gegeben: „Die Ebene der Heiligkeit, die der Herr von uns fordert, wird durch drei Punkte bestimmt: heilige Unnachgiebigkeit, heiliger Zwang, heilige Unverschämtheit." [27] Vielleicht hat sich der Opus-Dei-Gründer bei dieser Gesinnung ja an dem Papst orientiert, der während seiner römischen Jahre ab 1946 dort regierte – und das war Pius XII. Wie stark der Einfluss dieses Geheimbundes Opus Dei inzwischen geworden ist, das sieht man daran, dass Papst Joseph Ratzinger Escrivà de Balaguer eine fünf Meter hohe Marmorstatue im Vatikan gewidmet hat, mit eigenem Wappen.

Die Bedeutung Deutschlands für den Vatikan

Interessant wäre noch die Frage: Weshalb war Deutschland so wichtig, dass der Vatikan einen seiner besten Leute, den mit allen theologischen und intellektuellen Wassern gewaschenen Pacelli, dort hingeschickt hat? Deutschland ist bis heute das bevölkerungsreichste und wirtschaftlich stärkste Land in Mitteleuropa und schon von daher von strategischer Bedeutung. Dies gilt vor allem, wenn man, wie der Vatikan, darauf spekuliert, die „abtrünnigen Brüder und Schwestern" im Osten Europas, die seit dem Jahre 1054 von der römischen Kirche getrennten Orthodoxen, eines Tages wieder unter die Oberherrschaft des Papstes zu bekommen. Und natürlich früher oder später auch die Lutheraner, die in Deutschland ihre Zentrale haben. Schon wenn der Erste Weltkrieg anders ausgegangen wäre, dann wäre der Vatikan dem Ziel der „Rückholung" der Orthodoxen mithilfe deutscher und österreichischer Truppen wohl ein ganzes Stück näher gekommen.

Aber es gibt noch eine weit pragmatischere Erklärung, weshalb Deutschland für den Vatikan so wichtig ist, und die liefert John Cornwell in seinem Buch *Der Papst, der geschwiegen hat*. Dort lesen wir: „Deutschland hatte vor dem Krieg" – gemeint ist der Erste Weltkrieg – „einen größeren Beitrag zur Finanzierung des Heiligen Stuhls geleistet als alle anderen Nationen der Welt zusammen."[28] Und vermutlich zahlen die Deutschen bis heute mehr als jedes andere Land der Welt für die Aufrechterhaltung dieses „Stuhls".

Zudem hat der Vatikan Deutschland schon immer sehr aufmerksam beobachtet, inwieweit es den vatikanischen Plänen dienlich sein konnte. Als im Jahr 1888 Kaiser Wilhelm II. in Rom auf Papst Leo XIII. traf, sagte dieser zu ihm: „Deutschland muss einmal das Schwert der katholischen Kirche werden." [29] Damit wollte er wohl sagen: Ich könnte euch Deutsche gut gebrauchen, um mir – wenn es sein muss – mit Waffengewalt, meinen Kirchenstaat zurückzuholen.

Der Vatikan und die Machtergreifung Mussolinis

Daraus wurde zwar nichts, aber der Vatikan erreichte dieses Ziel auf andere Weise. Im Jahr 1929 schloss nämlich der sogenannte Heilige Stuhl mit dem italienischen Faschistenführer Benito Mussolini ein Konkordat ab, die sogenannten Lateranverträge, wodurch der Kirchenstaat wiederhergestellt wurde – wenn auch nur als Pseudostaat, bestehend aus nicht einmal einem halben Quadratkilometer Fläche – etwa ein großer Golfplatz – und mit knapp 500 Einwohnern, fast ausschließlich Männer. Dafür erhielt der Vatikan aber eine hohe Millionensumme als finanzielle „Entschädigung" für den bei der Gründung des italienischen Königreichs erlittenen Gebietsverlust – was übrigens den Grundstock bildete für das immense Vermögen, das der Vatikan durch geschickte und keineswegs immer legale Geldanlagen seither aufgehäuft hat.

Doch wie gelang es dem Vatikan, den faschistischen Duce zu diesem ungewöhnlichen Schritt zu bewegen? Diese Frage führt nur auf den ersten Blick weg vom Lebenslauf des späteren Papstes Pius XII., der zu dieser Zeit nicht in Italien, sondern in Berlin und München tätig war. Diese Vorgänge in Rom sind vielmehr äußerst aufschlussreich für das, was sich später – im Juli 1933 – unter Pacellis Regie in Deutschland abspielen sollte: der Abschluss des sogenannten Hitler-Konkordats, das bis heute in Kraft ist.

Die Verhandlungen in Italien wickelte zudem ein alter Vertrauter Pacellis ab: Sein Mentor und Lehrmeister, der damalige Kardinalstaatssekretär Pietro Gasparri. Und auch mit Papst Pius XI. war dessen späterer Nachfolger Pius XII. schon damals sehr verbunden, denn Achille Ratti (Pius XI.) war vor seiner Wahl zum Papst im Jahr 1922 ebenfalls päpstlicher Nuntius, und zwar in Warschau, also in einem Nachbarland des Deutschen Reiches. Und man kann davon ausgehen, dass Pacelli als Teil dieser vatikanischen Seilschaft immer über alles genauestens informiert war.

Achille Ratti – Pius XI. (1857-1939).

Was also hat der Vatikan dem Duce als Gegenleistung für dessen großzügiges Entgegenkommen angeboten? Denn ohne Zweifel war es auch hier ein Tauschgeschäft, wie meist in der Politik. Der Vatikan hatte seinen „Teil" der Vereinbarung bereits sieben Jahre zuvor geleistet. Er konnte nun den Preis dafür einfordern, dass der 1922 frisch gewählte Papst Pius XI. Mussolini nichts weniger als die Machtergreifung in Italien ermöglichte.

Karlheinz Deschner schreibt über Mussolini, damals noch einfacher Parlamentarier: „Am 21. Juni 1921 distanzierte er sich im Parlament derart von seinem Klerushass, dass Kardinal Ratti, wenige Monate vor seiner Papstwahl, jubelte: ‚Mussolini macht schnelle Forschritte und wird mit elementarer Kraft alles niederringen, was ihm in den Weg kommt. Mussolini ist ein wunderbarer Mann. Hören Sie mich? Ein wundervoller Mann! ... Die Zukunft gehört ihm!'" [30] Wobei dieses Zitat weniger etwas über Mussolini aussagt, als über Kardinal Ratti, den späteren Papst, und auch über die Politik des Vatikans überhaupt: Ein Machtmensch wie Mussolini, schon damals, so Deschner, ein „Propagandist systematischer Gewaltanwendung", [31] so ein Typ fasziniert die Kirchenbosse und weckt ihren untrüglichen Instinkt dafür, wie man solche Machtmenschen für die eigene Machtmehrung einspannen könnte.

Die katholischen Parteien haben ausgedient

Deschner analysiert auch, worin die Gemeinsamkeiten und damit die Anziehungskräfte zwischen Papsttum und Faschismus bestanden:

„Überhaupt wurden für Papst und Mussolini nicht nur Sozialismus und Liberalismus zu Spielarten des Kommunismus, sondern sogar Sozialdemokratie und Rationalismus ... Für beide war das Führerprinzip zentral. Beide traten für Autorität, Gehorsam, Disziplin ebenso ein, wie sie individuelle Freiheit und soziale Gleichheit bekämpften, von Kritik und Diskussion nichts wissen wollten und überhaupt den Menschen zum bloßen Befehlsempfänger entmündigten." [32]

Diese Analyse ist so prägnant, dass man sie sich auch für andere Situationen merken sollte. So tickten die Päpste Pius XI. und auch Pius XII., und so tickt der Vatikan unter der Oberfläche im Grunde bis heute. Wir werden im weiteren Verlauf der Ereignisse immer wieder auf diesen Grundgegensatz stoßen: „Überhaupt wurden für Papst und Mussolini nicht nur Sozialismus und Liberalismus zu Spielarten des Kommunismus, sondern sogar Sozialdemokratie und Rationalismus." Genau diese Einstellung wird dazu führen, auch und gerade in Deutschland, dass der Vatikan Regierungskoalitionen katholischer Parteien mit Sozialdemokraten und Liberalen äußerst distanziert gegenübersteht und sie teilweise sogar sabotiert. Diese Einstellung wird gegen Ende des Zweiten Weltkrieges dazu beitragen, dass Papst Pius XII. nichts gegen den Abtransport der Juden aus Rom unternehmen wird, weil er bei einer Eskalation der Lage offenbar auch Furcht vor einem kommunistischen Aufstand hat. Sie wird auch dazu führen, dass derselbe Papst nach dem Zweiten Weltkrieg in Italien allen Katholiken strengstens untersagen wird, die Kommunistische Partei zu wählen, was einer Exkommunikation gleichkommt – während derselbe Papst und auch sein Vorgänger nie etwas Ähnliches gegen die faschistischen Diktatoren Mussolini, Franco oder Hitler unternommen haben.

Deschner analysiert, wie erwähnt, weiter: „Beide" – also Papsttum und Faschismus – „traten für Autorität, Gehorsam und Disziplin ebenso ein, wie sie individuelle Freiheit und soziale Gleichheit bekämpften, von Kritik und Diskussion nichts wissen wollten und überhaupt den Menschen zum bloßen Befehlsempfänger entmündigten." Dies wird dazu führen, dass die katholischen Parteien, sowohl in Italien als auch in Deutschland, dem Faschismus geopfert werden. Und dies wiederum wird einer der Gründe dafür sein, dass Papst

Pius XII. zum Holocaust schweigen wird. Denn das politische Instrument einer selbstständigen und selbstdenkenden katholischen Laienschaft, vor der Hitler hätte Respekt haben müssen, hatte der Vatikan zuvor längst aus der Hand gegeben. Und die totalitäre Gesinnung, die Deschner hier beschreibt, wird noch in unseren Tagen dazu führen, dass der jetzige Papst Ratzinger und sein Vorgänger Wojtyła gemeinsam die „Theologie der Befreiung" Südamerikas zum Untergang verurteilen, so wie sie sämtliche Kirchenvolksbegehren und dergleichen bis heute wie Luft behandeln.

Die Kirche: eine „Gesellschaft von Ungleichen"

Die Kirche sah in der ersten Hälfte des 20. Jahrhunderts, das ist unstreitig, im faschistischen Ständestaat ihre ideale politische Ausprägung. Auch wenn sie sich seither mit dem demokratischen Rechtsstaat notgedrungen arrangieren musste, so sei die Frage erlaubt, ob sich diese Affinität zum totalitären Obrigkeitsstaat unter der Oberfläche wirklich geändert hat. Schließlich ist diese innere Verwandtschaft zwischen Faschismus und Katholizismus sogar nachzulesen in den offiziellen Lehrverkündigungen der Vatikankirche. In dem Buch *Der Glaube der Kirche in den Urkunden der Lehrverkündigung* finden wir dazu folgenden Lehrsatz:

„Die Kirche Christi ist jedoch nicht eine Gemeinschaft von Gleichgestellten, in der alle Gläubigen dieselben Rechte besäßen. Sie ist eine Gesellschaft von Ungleichen, und das nicht nur, weil unter den Gläubigen die einen Kleriker und die anderen Laien sind, sondern vor allem deshalb, weil es in der Kirche eine von Gott verliehene Vollmacht gibt, die den einen zum Heiligen, Lehren und Leiten gegeben ist, den anderen nicht … So führen und leiten sie die Kirche Gottes mit aller Machtvollkommenheit: mit Gesetzen …, mit richterlichen Entscheidungen und schließlich mit heilsamen Strafen gegen Schuldige, auch wenn sie Widerstand leisten ... So ist es Gegenstand des Glaubens, dass die Kirche Christi eine vollkommene Gesellschaft darstellt. Und diese wahre und so glückliche Kirche Christi ist keine andere als die eine, heilige, katholische und apostolische römische Kirche". 33)

Nur noch einmal zur Klarstellung: Dieser dogmatische Lehrsatz aus der offiziellen kirchlichen Dogmen- und Lehrsatzsammlung kommt natürlich nicht von Gott, auch nicht von Jesus von Nazareth. Das haben alte Männer der Vatikankirche sich ausgedacht, um das Volk zu unterjochen und in die Irre zu führen. Jeder Mensch kann glauben, was er will, aber wenn jemand einem Papst nachfolgt, dann ist er ein Papist und noch lange kein Christ. Denn Jesus, der Christus, *sagte: „Ihr aber seid alle Brüder und Schwestern". Er sprach nicht: „Ihr seid Brüder und Schwestern von Ungleichen." Die katholische Kirche lehrt also einmal mehr das krasse Gegenteil von dem, was Jesus gelehrt hat.*

Auch der russische Schriftsteller Fjodor Dostojewski erfasste intuitiv, was den Vatikan und seine Päpste im Innersten antreibt. In der Novelle „Der Großinquisitor" lässt er den Großinquisitor zu dem überraschend wiedergekehrten Christus sagen, dass nach Auffassung der Kirche das Glück der Menschen gerade darin bestehe, auf die Freiheit zu verzichten: „Fünfzehn Jahrhunderte haben wir uns mit dieser Freiheit geplagt, aber jetzt sind wir damit fertig, fertig für alle Zeiten. Glaubst Du nicht, dass wir damit fertig geworden sind für alle Zeiten? ... So wisse: Jetzt, gerade heute sind die Menschen mehr denn je davon überzeugt, sie wären frei, ganz frei, frei wie nie die Menschheit vor ihnen. In Wahrheit aber haben sie selber uns ihre Freiheit gebracht und demütig uns vor die Füße gelegt".

Der Großinquisitor rechnet es sich und den Seinen geradezu als Verdienst an, dass sie endlich die Freiheit beseitigt haben, und zwar, um die Menschen glücklich zu machen; „denn jetzt erst ist es möglich geworden, an das Glück der Menschen zu denken".

Jetzt erst – damit meint er die Inquisition. „Wir haben deine Tat verbessert", sagt der Großinquisitor weiter, „und sie auf dem Wunder, auf dem Geheimnis und auf der Autorität neu aufgebaut. Und die Menschen sind froh, dass wir sie abermals führen wie eine Herde und dass wir aus ihren Herzen die furchtbare Gabe wieder stahlen, die ihnen so viel Qual gebracht hat". Gemeint ist die Gabe der Freiheit. [34]

Benito Mussolini als „Auserwählter Gottes"

Es ist also alles andere als ein „Betriebsunfall der Geschichte", dass der Vatikan in den meisten Fällen der Wegbereiter der Faschisten war, sondern das lag in der Verwandtschaft der Ideologien begründet. Nehmen wir das Beispiel Italien. Dort witterte die Kurie die Chance, ihren Einfluss im italienischen Königreich, das ja gegen den erbitterten Widerstand des Vatikans entstanden war, wieder zu vergrößern. Papst Pius XI. wurde jedenfalls nicht müde, den Faschistenchef Benito Mussolini in den höchsten Tönen zu loben. Im August 1923 sagte er dem belgischen Botschafter: „Für Italien hat Gott einen solchen Mann erweckt ... er allein hat erfasst, was sein Land benötigt, um es aus der Anarchie zu befreien, in die ein impotenter Parlamentarismus und drei Kriegsjahre es geworfen hatten." [35] Und 1926 verkündete der angebliche Stellvertreter

Christi ganz offiziell: „Mussolini wurde uns von der göttlichen Vorsehung gesandt!" [36)] Der Diktator ist nach Ansicht des selbsternannten Stellvertreters Gottes also ein „Auserwählter Gottes". Welchem Gott dient dann der Papst? Und die „Vorsehung" welchen Gottes ist hier am Werk?

Machen wir an dieser Stelle einen kurzen Sprung in die Gegenwart: Im Dezember 2010 lobte Papst Joseph Ratzinger die Lateranverträge von 1929, die Pius XI. mit seinem „Auserwählten" Mussolini abgeschlossen hat. Denn, so Benedikt XVI: „Die mit den Lateranverträgen verbundene Gründung des Vatikanstaates habe dem Papsttum die Souveränität und Unabhängigkeit gegeben, die es zur Leitung der Weltkirche brauche." [37)] Kein Wort darüber, dass der Vatikan sich diese Geschenke erkauft hat, indem er einem brutalen Faschisten zur Macht verholfen und die Demokratie in Italien für 23 Jahre ausgelöscht hat.

Was hätte wohl Jesus von Nazareth zu all dem gesagt? Er, der dem Hohepriester sagte: „Mein Reich ist nicht von dieser Welt!" (Joh 18, 36) Als hingegen der Widersacher Gottes Ihn, Christus, versuchen wollte mit den Worten „Dies alles will ich Dir geben, wenn Du niederfällst und mich anbetest" (Mt. 4, 9), da wies Jesus diesen von sich: „Weiche von Mir, Satan!" (Mt 4, 10)

Und wie war es bei Papst Pius XI.? Benito Mussolini winkte mit staatlichen Privilegien, er holte gleich sechs katholische Priester (!) in sein erstes Kabinett, erhöhte die staatlichen Zuschüsse für kirchliche Bauten und den Klerus, machte 1929 den Katholizismus zur Staatsreligion und stellte den Kirchenstaat wieder her. Die Kirche setzte des weiteren bei ihm durch, dass z. B. abtrünnige Priester keinerlei öffentliche Ämter mehr bekleiden durften, usw. usf. „Dies alles will ich Dir geben ...“ – der Papst reagierte anders als der Nazarener. Er schmeichelte dem Diktator bei jeder sich bietenden Gelegenheit. Und nicht nur das: Der Vatikan verpflichtete sich im Konkordat von 1929, dass alle seine Priester sich aus der faschistischen Politik heraushalten würden, die Faschisten mit dem Segen der Kirche also freie Hand haben sollten.

Doch die Weichen dorthin hatte der Papst schon viel früher gestellt, nämlich bereits 1924, als er die eigene katholische Partei, den Partito Popolare, fallen ließ. Dessen populärer Vorsitzender Don Sturzo musste im Oktober 1924 ins Exil gehen. Er wäre mit seiner Partei zwar in der Lage gewesen, gemeinsam mit den Sozialisten die Faschisten an der Machtergreifung zu hindern. Doch Papst und Vatikan wollten keine katholische Partei. Sie wollten Mussolini.

Selbstbewusste „Laienkatholiken"
als Störfaktoren

Nun kann man auch besser verstehen, weshalb für die Machthaber im Vatikan bis heute selbstständige katholische Laienbewegungen, Kirchenvolksbegehren, „Wir sind Kirche" und dergleichen keine große Bedeutung haben, sondern bei ihren strategischen Überlegungen nur Störfaktoren darstellen. Und deshalb wurde beim Deutschlandbesuch von Benedikt XVI. im September 2011 auch kein Katholik in das Freiburger Konzerthaus eingeladen, der auch nur die leiseste Kritik am Führungsstil des Papstes hätte äußern können. Keiner bekam eine Eintrittskarte und alle schluckten es. Denn es ist eben so: Es zählt nur die Unterwerfung unter den Pontifex maximus, sonst gar nichts. Das ist das Wesen der Kirche und das **ist** Kirche. Der Rest ist Schweigen – erzwungenes Schweigen.

Italien war indes nur der Auftakt. Was Pius XI. im Einklang mit seinem späteren Nachfolger Pius XII. 1923 und 1929 in Italien einfädelte, das wiederholte sich später in Deutschland und in Spanien, in Kroatien und in der Slowakei: Der Vatikan als Steigbügelhalter der Faschisten. Nur dass es 1933 in Deutschland nicht mehr Kardinalstaatssekretär Gasparri war, der das Konkordat für Papst Pius XI. aushandelte, sondern

Kardinal Pacelli, der spätere Pius XII., der 1930 Gasparris Nachfolger als Kardinalstaatssekretär geworden war, als zweitmächtigster Mann im Vatikan.

Wie sich die Verhältnisse gleichen: Auch in Deutschland gab es damals eine katholische Partei, das Zentrum, das aufgrund seiner Mittelstellung im politischen Spektrum häufig an Regierungen beteiligt war. Doch auch dieser Partei begegneten Papst Pius XI. und sein Nuntius Pacelli mit tiefem Misstrauen. Die deutschen Laienkatholiken, die ein halbes Jahrhundert zuvor den so genannten Kulturkampf gegen die deutsche Regierung unter Otto von Bismarck durchgestanden hatten, waren der Kurie schlicht zu selbstbewusst und zu eigenständig. Für Rom waren deren Tage schon gezählt. Koalitionen des katholischen Zentrums mit den Sozialdemokraten sahen die Kirchenoberen immer nur als vorüber gehende Notlösung an, denn von links, so die kirchliche Sichtweise, drohte ja die eigentliche Gefahr für die Kirche.

Der katholische Journalist Hanspeter Oschwald kommt zu dem Schluss, dass Hitler sehr wohl hätte verhindert werden können – aber nur dann, wenn Zentrum und Sozialdemokratie eng und dauerhaft zusammengearbeitet hätten. Und er schreibt weiter: „Ohne die autoritären Denkstrukturen in der katholischen Kirche hätten Zentrum und SPD zur Zusammenarbeit geführt werden können." Doch das war eben nicht im Sinne Roms: „Für Pius gab es nur die Richtung nach rechts. Nach links bedeutete für ihn, den Kommunismus zu fördern und die Interessen der Kirche zu verraten." [38] Mit anderen Worten: Papst und Vatikan wollten auch in Deutschland keine katholische Partei im Mittelpunkt einer Demokratie. Sie wollten eine andere Entwicklung.

Politiker des Zentrums und der ebenfalls katholischen Bayerischen Volkspartei bemühten sich dennoch, das Beste aus der Situation zu machen. Doch der Vatikan kam ihnen dabei ständig in die Quere. Zu Ostern 1931 versuchte Reichsinnenminister Joseph Wirth (Zentrum), in Rom Papst Ratti und seinen Kardinalstaatssekretär Pacelli davon zu überzeugen, dass es angesichts der instabilen politischen Verhältnisse nicht durchsetzbar sei, ein Konkordat des Deutschen Reiches mit dem Vatikan abzuschließen. Denn man müsse dann den Protestanten etwas Ähnliches gewähren – was der Vatikan aber rundweg ablehnte. Und wenig später, im August 1931, kam es in Rom zu einer erregten und dramatischen Auseinandersetzung zwischen Kardinal Pacelli und dem deutschen Zentrums-Reichskanzler Heinrich Brüning.

Heinrich Brüning, einer der letzten Kanzler der deutschen Demokratie, berichtet in seinen Erinnerungen, dass Kardinalstaatssekretär Pacelli von ihm verlangt habe, eine Regierung mit den Rechtsparteien zu bilden, um dann mit diesen ein Konkordat durchzusetzen. Brüning war erschrocken. Er verabschiedete sich vom Kardinal mit der spitzen und gleichzeitig prophetischen Bemerkung, er hoffe dass „der Vatikan mit Hitler und Hugenberg einen größeren Erfolg haben werde als mit dem Katholiken Brüning".[39] Und genauso ist es dann gekommen.

Wie Pacelli die Katholiken dem Diktator Hitler auslieferte

Von Seiten der Verteidiger des späteren Papstes Pius XII. hört man häufig, das Reichskonkordat mit Hitler von 1933 sei vorrangig eine Idee Hitlers gewesen, um das Image seiner Regierung aufzubessern. Die eben geschilderten Vorgänge belegen hingegen, dass der Vatikan und insbesondere Pacelli schon sehr viel länger und intensiver, ja geradezu wie besessen auf dieses Ziel hingearbeitet hatten. Und die Frage, ob der Vatikan Hitler zur Macht verholfen hat oder nicht, ist zumindest in Deutschland genauso heikel wie die Frage, weshalb Pius XII. später zum Holocaust geschwiegen hat. Denn ohne die Machtübernahme Hitlers hätte es auch keinen Holocaust gegeben.

Am Ende erhielt Pacelli sein heißersehntes Konkordat. Doch – denken wir kurz an das Konkordat mit Italien – was war diesmal der Preis, den die Kirche für ein solches Konkordat zu zahlen bereit war? An den Ereignissen des deutschen Schicksalsjahres 1933 kann man es ablesen.

Am 30. Januar 1933 übernahm Adolf Hitler als neuer Reichskanzler die Macht im Deutschen Reich. Nachdem das katholische Zentrum sich widerspenstig gezeigt hatte, war es der ehemalige Zentrumspolitiker und Katholik Franz von Papen gewesen, der die Bildung einer Rechtsregierung unter Führung von Adolf Hitler eingefädelt hatte, in der er selbst Vizekanzler wurde. Doch noch hatte Hitler nicht ganz gewonnen. Denn noch stand, so Deschner, „der deutsche Katholizismus fast geschlossen gegen Hitler; die Parteien, die Verbände und der größte Teil der Gläubigen." [40)] Nur die Lutheraner und ihre Pfarrer hatte Hitler zum allergrößten Teil schon auf seiner Seite. Die katholischen Bischöfe hielten jedoch noch an ihrer Haltung fest, dass eine Mitgliedschaft in der NSDAP nicht mit dem katholischen Glauben vereinbar sei. Und bei der Reichstagswahl am 5. März 1933 konnten die Nationalsozialisten zwar ihre Stimmenzahl leicht erhöhen, sie erreichten jedoch nicht die absolute Mehrheit. Die katholischen Parteien blieben weiterhin stabil.

Doch im Vatikan setzte man nicht auf die katholischen Parteien, sondern auf ein anderes „Pferd". Dieses Pferd aber zögerte, denn, wie John Cornwell schreibt: „Angesichts seiner Entschlossenheit, einen neuen Kulturkampf mit dem Risiko eines erfolgreichen katholischen Widerstands zu vermeiden, wollte Hitler sich nicht direkt mit den Bischöfen anlegen. Es musste jedoch etwas geschehen, um sie zu neutralisieren. Und genau an diesem Punkt kam Pacellis Streben nach einem Reichskonkordat Hitler zu Hilfe." [41]

Hitler kam weiter zu Hilfe, dass seit 1928 an der Spitze der Zentrumspartei mit dem Prälaten Ludwig Kaas ein katholischer Priester stand, noch dazu ein enger Vertrauter Kardinal Pacellis, der ständig nach Rom fuhr, um sich mit diesem zu beraten. Und dieser Prälat Kaas kam schon einen Tag nach der Märzwahl zu Vizekanzler Papen und erklärte, er komme zwar „ohne zuvorige Fühlungsnahme mit seiner Partei" doch er sei „nunmehr bereit, einen Strich unter die Vergangenheit zu setzen". [42]

Als dann Ende März im Reichstag das sogenannte Ermächtigungsgesetz zur Abstimmung stand, mit dem

Hitler den Parlamentarismus abschaffte und sich diktatorische Vollmachten sicherte, gab es in der Zentrumspartei zunächst erbitterte Meinungsverschiedenheiten. Am Ende setzte sich jedoch Prälat Kaas durch, indem er rief: „Bin denn nun ich der Führer der Partei oder wer sonst?" [43] Jeder wusste natürlich, dass Zentrumsführer Kaas mit den obersten Führern der Katholiken in Rom in ständigem Kontakt stand. Das Zentrum stimmte folglich dem Ermächtigungsgesetz zu und löste sich wenig später selbst auf. Und auch die deutschen Bischöfe zogen ihre Kritik am Nationalsozialismus eine knappe Woche später zurück. Am 28. März 1933 verkündeten die deutschen Bischöfe, dass nun auch jeder Katholik Mitglied der NSDAP sein könne.

Verteidiger von Pius XII. führen an dieser Stelle an, dass der spätere Papst diese Entscheidungen der Politiker und der Bischöfe zugunsten der Nationalsozialisten nicht selbst herbeigeführt habe. Dafür gebe es keinen Beleg, im Gegenteil: Pacelli sei sogar erbost gewesen, als er von der Auflösung des Zentrums erfahren habe. Er habe die Bemerkung gemacht: „Schade, dass es zu diesem Zeitpunkt gekommen ist." [44] Doch selbst wenn diese Aussage stimmen sollte, dann würde sie nur eines belegen: Dass nämlich der Kardinal die Auflösung des Zentrums sozusagen nur als Verfügungsmasse in den Verhandlungen mit Hitler betrachtete, und als nichts sonst.

Eines direkten „Befehls" zur Auflösung hätte es auch gar nicht bedurft. Denn zum einen konferierten Pacelli und Prälat Kaas sehr häufig miteinander – und selbst wenn es darüber schriftliche Notizen gegeben haben sollte, so waren sie mit großer Wahrscheinlichkeit unter den Dokumenten, die Kaas gegen Ende des Krieges persönlich verbrannte. [45]

Zum anderen blieb den Politikern gar keine andere Wahl. Der Vatikan hatte seine Laienvertreter und auch seine Bischöfe in Deutschland aus taktisch-politischen Erwägungen heraus schlicht im Stich gelassen und dem Diktator ausgeliefert. Sie hingen sozusagen solange in der Luft, bis sie sich gleich ihrer Zentrale in Rom ebenfalls mit dem faschistischen Regime arrangierten. Dies führte John Cornwell, wie oben erwähnt, zu der Schlussfolgerung: „Meine Untersuchungen über die Laufbahn Pacellis seit Beginn des [20.] Jahrhunderts erzählen die Geschichte eines Strebens nach beispielloser Macht, das 1933 dazu geführt hat, die Kirche in eine Komplizenschaft mit den dunkelsten Kräften des Jahrhunderts hinein zu ziehen." [46]

Das Hitlerkonkordat und seine Folgen bis heute

Während dieser dramatischen Vorgänge waren die Verhandlungen für ein Reichskonkordat zwischen dem Deutschen Reich und dem Vatikan längst im Gange. Und die Bischöfe erkannten rasch die Zeichen der „neuen Zeit". Schon am 5.5.1933 bedankte sich der römisch-katholische Kardinal Michael Faulhaber, der Joseph Ratzinger als Knaben so beeindruckt hatte und ihn später zum Priester weihte, in einem Brief an die bayerische Staatsregierung, „dass sich im öffentlichen Leben unter der neuen [Nazi-]Regierung manches gebessert hat: Die Gottlosenbewegung ist eingedämmt, die Freidenker können nicht mehr offen gegen Christentum und Kirche toben [sie wurden verboten] ..." [47] Fünf Tage nach diesem Brief, am 10.5.1933, wurden überall in Deutschland auf Scheiterhaufen unliebsame Bücher verbrannt. Am 9.6.1933 forderte der katholische Domkapitular Ferdinand Piontek aus Breslau „strenge staatliche Maßnahmen" gegen die Zeugen Jehovas [48] (In der Folge wurden ca. 1500 der „Zeugen" später in den Konzentrationslagern erschossen, erhängt oder geköpft.) Und am 27.6.1933 verbietet Erzbischof Conrad Gröber aus Freiburg allen katholischen Priestern, Kritik am Nationalsozialismus zu üben. Nationalsozialismus und Katholizismus waren nun Verbündete.

*Unterzeichnung des Reichskonkordats am 20. Juli 1933.
Sitzend von links: Prälat Kaas, Vizekanzler von Papen, Kardinal
Pacelli. Stehend von rechts: Monsignore Montini, der spätere
Papst Paul VI. und Monsignore Ottaviani, der 1962 als Kardinal
den Erlass „Crimen sollicitationis" zur Vertuschung von Kinder-
schänderverbrechen verfassen sollte.*

Am 20.7.1933 wurde das Konkordat zwischen dem
„Heiligen Stuhl" und Nazi-Deutschland feierlich unter-
zeichnet. Auf Seiten des Vatikans setzte dessen
Drahtzieher Eugenio Pacelli, der spätere Papst Pius
XII., seine Unterschrift unter das Dokument. Das für
das Inkrafttreten notwendige *Gesetz zur Durchführung
des Konkordats* vom 12.9.1933 trug die Unterschrift
von Adolf Hitler persönlich. Dieses Konkordat brachte
dem nationalsozialistischen Regime nicht nur un-
schätzbares internationales Renommee ein, sondern
auch die Zusage der Kirche, dass die katholischen
Geistlichen sich fortan jeglicher politischen Betätigung

enthalten würden. Die Kirche hatte sich – ähnlich wie in Italien – mit dem faschistischen Regime arrangiert und wurde dafür mit der Zusage belohnt, dass die staatlichen Zuschüsse und Steuerbefreiungen an die Kirche unverändert weiter bestehen sollten. Und sie bestehen in Deutschland tatsächlich bis heute, und zwar in Höhe von jährlich ca. 15 Milliarden Euro. [49]

Zudem wurden unabhängig davon sämtliche Wirtschaftsunternehmen dazu verpflichtet, die Kirchensteuer automatisch vom Gehalt ihrer Beschäftigten abzuziehen und über die staatlichen Behörden an die Kirche abzuführen. Zu diesem Zweck wurde jeder deutsche Arbeitnehmer verpflichtet, seine Konfession auf der Lohnsteuerkarte anzugeben. Diese für die Kirche einzigartige Regelung wurde auch von der Bundesrepublik übernommen und ist neben dem Reichsjagdgesetz von 1934 das einzige Gesetz aus der Hitlerzeit, das weiterhin Gültigkeit hat.

Mindestens so schlimm wie die Bestimmungen des Konkordats selbst ist seine politische Funktion. Denn als Gegenleistung der Kirche verabschiedeten sich nun aufgrund des Drucks aus Rom große Teile des deutschen Volkes aus der Politik. Die Kirche überließ dem Diktator Hitler uneingeschränkt das Feld und gab ihm mit kirchlichem Segen politisch freie Hand, indem es den eigenen Amtsträgern durch das Konkordat jede politische Betätigung und natürlich erst recht jede „kritische" politische Äußerung untersagte. Und das alles nur, um den Reichtum der Kirche und ihre Macht über die Seelen unumschränkt weiter aufrecht zu erhalten. Und das ist doch eine Seligsprechung für Pacelli wert. Oder etwa nicht?

In Goethes Faust steht es jedenfalls schwarz auf weiß: „Die Kirche segnet den, der ihr zu Diensten fährt."

Doch wohin führten diese Bündnisse mit den faschistischen Diktatoren Europas? Wie viel Leid und Grausamkeit wurde dadurch heraufbeschworen? Und was ist davon zu halten, wenn sich die beiden deutschen Großkirchen später, nach dem großen Krieg, selbst zu angeblichen „Widerstandskämpfern" hochstilisierten?

KAPITEL 4:

**Der Vatikan und die Blutspur
des 20. Jahrhunderts (1933-1945):**

Kreuzzug und Völkermord
mit päpstlichem Segen

Der „Feind" stand für den Vatikan immer links. Schließlich hat er bis heute sehr viel an Besitz und Reichtum zu verlieren. Und der Vatikan hatte auch immer das Ziel vor Augen, möglichst viel der im 19. Jahrhundert eingebüßten Macht wieder zurückzuerobern. Um dieses Ziel zu erreichen, schreckte er, wie wir gesehen haben, auch vor dem Pakt mit dem faschistischen Teufel nicht zurück. Gleich in welchem Land – wie wir gleich sehen werden. „Gleich und gleich gesellt sich gern", sagt schon eine bekannte Volksweisheit.

4.1 Österreich (1933-1938):
katholischer Austro-Faschismus

Italien und Deutschland waren erst der Anfang. Die nächste Station auf dem verhängnisvollen Marsch der Kirche in Richtung Faschismus war Österreich. Fast zeitgleich mit der Machtübernahme der Nazis in Deutschland etablierte sich hier im März 1933 eine klerikalfaschistische Diktatur unter der Führung des Bundeskanzlers und Katholiken Engelbert Dollfuß. Dollfuß setzte die junge Demokratie in Österreich rasch außer Kraft und schuf unter enger Anlehnung an die Vatikankirche und an Mussolini einen austrofaschistischen Ständestaat.

Auf dem Katholikentag 1933 in Wien erläuterte Dollfuß dieses Vorhaben mit folgenden Worten: „Ja, wir wollen einen christlich-deutschen Staat in unserer Heimat errichten! Wir brauchen uns nur an die letzten Enzykliken des Heiligen Vaters zu halten; sie sind uns Wegweiser für die Gestaltung

Engelbert Dollfuß
(1892-1934)

des Staatswesens in unserer Heimat. Die jetzige Regierung ist einmütig entschlossen, im christlich-deutschen Geist die Erneuerung von Staat und Wirtschaft in die Wege zu leiten." Gemeint war dabei die Enzyklika *Quadragesimo Anno* von Papst Pius XI. aus dem Jahr 1931, die die päpstliche Empfehlung für den Aufbau einer Gesellschaft nach ständischem Muster formulierte. Pius XI. bestätigte selbst, dass er in dieser Enzyklika „das Bild des faschistischen Korporationsstaates mit sympathischen Zügen gezeichnet" habe. [50]

Dollfuß schloss seine Rede dann mit dem Satz „Gott will es" – ein Satz, mit dem Papst Urban II. 1095 zum ersten Kreuzzug aufgerufen hatte. Auch das Kruckenkreuz, das der austrofaschistische Ständestaat in der Folge als Symbol verwendete, war bereits das Symbol der mittelalterlichen Kreuzfahrer gewesen. Die österreichischen Bischöfe sahen in der faschistischen Regierung Dollfuß die Garantie für die künftige ungeschmälerte Wahrung ihrer Interessen. Für die junge österreichische Demokratie hingegen hatten sie nicht die geringste Sympathie. Das Wiener Diözesanblatt schrieb dazu im Dezember 1933 wörtlich: „Die Phrase von der falsch verstandenen Volkssouveränität ist nicht nur gedan-

Das „Kruckenkreuz", offizielles Symbol des austrofaschistischen Ständestaats (1934-38)

kenlos, sondern auch unchristlich, ja im tiefsten Grunde atheistisch, das heißt gottesleugnerisch." [51]

Linke Regimegegner wurden in Konzentrationslagern interniert; der Widerstand der sozialdemokratisch orientierten Arbeiterbewegung in Wien wurde mit brutaler Militärgewalt niedergeschlagen. Gleichzeitig griffen aber bereits auch die von Deutschland aus gesteuerten österreichischen Nationalsozialisten nach der Macht. Der austrofaschistische Ständestaat überlebte zwar noch die Ermordung von Bundeskanzler Dollfuß im Juli 1934 durch österreichische Nazis. Doch auf Dauer war dieser Staat durch den Zweifronten-Bürgerkrieg gegen Sozialisten und Nationalsozialisten so geschwächt, dass er dem Anschluss Österreichs an das „Großdeutsche Reich" durch Hitler im Jahr 1938 nichts mehr entgegensetzen konnte.

Vom Klerikalfaschismus zum Nationalsozialismus

Zuvor schon gab es aber in der Kirche Österreichs Gruppierungen und Personen, die im Hintergrund an einer Annäherung an den Nationalsozialismus arbeiteten. Der Wiener Kardinal Theodor Innitzer hatte bereits frühzeitig Geheimverhandlungen mit Repräsentanten des Nationalsozialismus von höchster Ebene aus in Auftrag gegeben, so die bekannte österrei-

110

chische Historikerin Erika Weinzierl. Man wollte Über-
einstimmungen in der Ideologie von Katholizismus
und Nationalsozialismus herausarbeiten und entsprechend verbreiten. Katholisch-nationale Politiker, aber
auch mit dem Nationalsozialismus sympathisierende
Theologen und Bischöfe wie Alois Hudal, führten die
Kirche in Österreich vom klerikal-faschistischen Ständestaat hin zum Nationalsozialismus.

Die Kirche hatte also wieder in bewährter Weise begonnen, sich den rasch verändernden Machtverhältnissen anzupassen und diese auch zu fördern. Noch 1933
standen die obersten Repräsentanten des österreichischen Katholizismus dem Nationalsozialismus im be-
nachbarten Deutschen Reich deutlich reserviert gegenüber. Unmittelbar nach der Machtübernahme der
Nationalsozialisten in Österreich im März 1938 war
davon nicht mehr viel übrig. Bis auf den zwischenzeitlich
verstorbenen Salzburger Fürst-Erzbischof Ignatius Rieder
unterzeichneten alle gemeinsam im März 1938 eine fei-
erliche Erklärung, mit der sie den Anschluss Österreichs
an des Deutsche Reich begrüßten und die Katholiken
dazu aufforderten, bei der Volksabstimmung über den
Anschluss am 10. April 1938 mit „Ja" zu stimmen.

Der steirische Fürstbischof Ferdinand Pawlikowski
gab außerdem seiner Hoffnung auf ein positives Ver-

März 1938: Österreich wird an das „Großdeutsche Reich" angeschlossen.

hältnis von Staat und Kirche Ausdruck, da aus Sicht der katholischen Kirche viele Anliegen des Nationalsozialismus durchaus fördernswert seien. Dazu gehörte für ihn beispielsweise die „Unterdrückung des verderblichen Einflusses des Weltjudentums in Wirtschaft und Kultur." Adam Hefter, der Fürstbischof von Klagenfurt. ließ es sich nicht nehmen, Adolf Hitler bei seinem Besuch im April 1938 in Klagenfurt in vollem Ornat zu begrüßen. [52]

Die katholische Kirche wechselte also ganz rasch die Seiten und lief ohne viel Federlesens zu den neuen Machthabern von Hitlers Gnaden über. Kardinal Theodor Innitzer ließ im März 1938 in der neu angegliederten „Ostmark" sämtliche Kirchenglocken läuten und übersandte dem neu ernannten Gauleiter von Wien die Versicherung, dass die österreichischen Bischöfe „freiwillig und ohne Zwang unsere nationale

Pflicht erfüllt haben. Ich weiß, dass dieser Erklärung eine gute Zusammenarbeit folgen wird. Mit dem Ausdruck ausgezeichneter Hochachtung und Heil Hitler! Theodor Innitzer". [53]

Durch Hitler, den, so Kardinal Innitzer wörtlich, „von Gott gesandten Führer", werde „die tausendjährige Sehnsucht unseres Volkes erfüllt". [54] In der Folgezeit trug die Kirche das ihre dazu bei, dass Widerstand gegen die neuen Machthaber kaum noch möglich war. Die neue Losung, mit der sie sich den geänderten Machtverhältnissen anpasste, lautete: „Ein Volk - ein Reich - ein Führer - ein Herrgott." So das *Erdberger Pfarrblatt* im Mai 1938. [55]

Für den späteren sozialdemokratischen Bundeskanzler Bruno Kreisky hingegen waren die Klerikalfaschisten, die ihn 1936 wegen „illegaler Agitation" eingesperrt hatten, die „Totengräber der parlamentarischen Demokratie Österreichs". [56] Doch auch die heutige Demokratie Österreichs hat noch immer mit diesem Erbe zu kämpfen. So wie in Deutschland noch immer das Hitlerkonkordat von 1933 in Kraft ist, so gilt dasselbe für das Dollfußkonkordat, das im selben Jahr 1933 zwischen Österreich und dem Vatikan geschlossen wurde, natürlich unter Federführung von Eugenio Pacelli. Immerhin gibt es mittlerweile im

Österreich des Jahres 2011 – 65 Jahre nach Ende des Zweiten Weltkriegs – eine mutige Initiative von Bürgern, die mit einem Volksbegehren die noch immer aus diesem Konkordat resultierenden Privilegien und Zahlungsverpflichtungen des Staates an die Kirche endlich abschaffen wollen. Nicht nur Deutschland, auch Österreich zahlt bis heute Unsummen an die Kirche. Allein das ist für den Vatikan ohne Zweifel schon Grund genug, Eugenio Pacelli seligzusprechen. Denn schließlich hat er und niemand sonst diese Konkordate maßgeblich eingefädelt und ausgehandelt!

4.2 Abessinien (1935): Vernichtungskrieg im Namen des Kreuzes

Gerade durch die Anbiederung an die faschistischen Diktatoren hat die Kirche also ihren Besitzstand an Reichtum und Privilegien sichern und weiter ausbauen können. Und zu dieser Anbiederung an die Diktatoren gehörte ganz selbstverständlich auch die Rechtfertigung ihrer zahlreichen Kriege. Dabei schreckten der Papst und sein Kardinalstaatssekretär Pacelli auch nicht davor zurück, vor aller Ohren Gewalt und Krieg als angeblich gottgefällig zu rechtfertigen. So verkündete Papst Pius XI. im August 1935, ein „Verteidigungskrieg" zum Zwecke der „Expansion einer wachsenden Bevölkerung" könne „gerecht und richtig" sein.

Diese scheinheiligen Worte, die dem Pazifisten Jesus von Nazareth direkt ins Gesicht schlagen, kamen nicht von ungefähr: Die Vorbereitungen Mussolinis für den Überfall des faschistischen Italien auf das wehrlose afrikanische Land Äthiopien, damals Abessinien genannt, liefen längst auf Hochtouren.

Als der hässliche und ungleiche Krieg dann begann, begrüßten ihn die italienischen Bischöfe enthusiastisch und spendeten Kirchenglocken, goldene Halsketten und Bischofskreuze für den Sieg der „gerechten und heiligen Sache". „Der Erzbischof von Neapel veranstaltete von Pompeji nach Neapel eine Prozession mit dem Bild der Madonna, während gleichzeitig Militärflugzeuge Flugblätter abwarfen, in denen die heilige Jungfrau, der Faschismus und der abessinische Feldzug im selben Satz verherrlicht wurden." Soweit Karlheinz Deschner. [57] Und an anderer Stelle berichtet er, dass der Erzbischof von Tarent eine Messe auf einem italienischen Unterseeboot feierte und dabei verkündete: „Der Krieg gegen Äthiopien sollte als heiliger Krieg angesehen werden, als ein Kreuzzug"; ein italienischer Sieg werde „Äthiopien, das Land der Ungläubigen und Schismatiker, dem katholischen Glauben öffnen". [58]

Wohlgemerkt: Die Äthiopier bekennen sich in ihrer Mehrheit bis heute zum Christentum, allerdings sind sie eben keine Katholiken. Der Mailänder Kardinal Ildefons Schuster sagte 1936 bei einer Segnung heimgekehrter Soldaten: „Wir arbeiten mit Gott zusammen in dieser nationalen und katholischen Mission des Guten – vor allem in diesem Augenblick, in dem auf den Schlachtfeldern Äthiopiens die Fahne Italiens im Triumph das Kreuz Christi vorwärts trägt." [59]

Kann man sich eine größere Gotteslästerung vorstellen? Von Oktober 1935 bis Mai 1936 veranstalten die italienischen Klerofaschisten mit modernsten Waffen einschließlich Giftgas ein grausames Massaker an einem hoffnungslos unterlegenen Volk; ein Massaker, bei dem mehrere 100.000 Menschen brutal umgebracht wurden – und Kardinal Schuster beruft sich zur Rechtfertigung dieses Gemetzels auch noch auf Gott, auf den liebenden Vater aller Menschen?!

„Überall, unter allen Bäumen, liegen Menschen. Zu tausenden liegen sie da. Ich trete näher, erschüttert. An ihren Füßen, an ihren abgezehrten Gliedern sehe ich grauenhafte, blutende Brandwunden. Das Leben entflieht schon aus ihren von Yperit verseuchten Leibern." [60] Das schrieb ein Vertreter des Roten Kreuzes nach dem Besuch auf einem der Schachtfelder Abessiniens, nachdem dort Giftgas eingesetzt worden war. Doch die überfallenen Äthiopier starben auf vielfältige Weise: durch Bombardements, in Konzentrationslagern, durch standrechtliche Geisel-Erschießungen nach Partisanenaktionen oder „ganz einfach" durch Hunger und Entbehrung, nachdem man zuvor ihre Dörfer zerstört hatte. Und das alles im Namen Gottes!

Auch Eugenio Pacelli, zu dieser Zeit der zweitmächtigste Mann im Vatikan, trug seinen Teil zur Kriegsverherrlichung bei, sprach während des Abessinien-Kriegs über „Roms heilige Bestimmung" und trat, „stets für ein gutes Verhältnis zu Mussolini und zum faschistischen Italien ein ... Insbesondere hat er im Abessinien-Konflikt die nationale Haltung des italienischen Klerus gefördert und unterstützt." So jedenfalls urteilte 1939 der Leiter des Referats für Angelegenheiten des Vatikans im deutschen Auswärtigen Amt. [61]

Und dieser Mann, Pius XII., soll selig- und heilig gesprochen werden? Für wie vergesslich, dumm und manipulierbar halten die Oberen im Vatikan, allen voran Papst Joseph Ratzinger, eigentlich ihre Mitmenschen, dass sie ihnen zutrauen, diese unglaubliche Dreistigkeit einfach so zu schlucken?

Doch wir befinden uns in unserer Rückschau erst im Jahr 1936, und Eugenio Pacelli wird noch weitere 22 Jahre Zeit haben, seine „Eignung" für eine Seligsprechung nach katholischem Muster mehr als ausreichend unter Beweis zu stellen.

„Der Abessinienkrieg hat die Verfestigung der Achse Rom-Berlin bewirkt und damit die Katastrophen Ende der dreißiger Jahre entscheidend vorbereitet", schreibt Karlheinz Deschner. Und er fügt hinzu: „Direkt vom abessinischen Kriegsschauplatz schifft man italienische Truppen nach Spanien ein." [62]

4.3 Spanien (1936-39): „Ein Bürgerkrieg? Nein: ein Kreuzzug!"

Hier bahnt sich das nächste Drama des an Tragödien so reichen 20. Jahrhunderts an. Und wieder ist es die Kirche, ist es insbesondere der Vatikan, der dafür die Hauptverantwortung trägt. Der Spanische Bürgerkrieg begann am 18. Juli 1936, als Teile der spanischen Armee gegen die von der Mehrheit des Volkes gewählte Regierung der Volksfront putschten und damit einen drei Jahre dauernden grausamen Bürgerkrieg auslösten.

Doch die Gewalt und der Hass, die in diesem Krieg wie eine Eruption zum Ausbruch kamen, hatten eine

Vorgeschichte. Karlheinz Deschner fasst sie wie folgt zusammen:

„Die Ursache des Spanischen Bürgerkrieges war weder ein politischer noch religiöser Konflikt, sondern ein sozialer: der schreiende Gegensatz zwischen einer kleinen Oberschicht und dem oft bis aufs Blut ausgebeuteten Volk. Die spanische Kirche aber partizipierte daran - seit der ausgehenden Antike schon mächtig und reich, durch Jahrhunderte langen Terror, durch Sklaverei, Judenpogrome, Inquisition. Um die Wende zur Neuzeit soll ihr die Hälfte des Volkseinkommens zugefallen sein. Im frühen 19. Jahrhundert gehörten ihr immerhin noch 6 Millionen Hektar Land, 17 Prozent der Bodenfläche; neben Schenkungen hochgeborener Granden meist konfiszierte ‚Ketzerländereien.' Und zu Beginn des 20. Jahrhunderts kontrollierten die Jesuiten - nominell ein ‚Bettelorden', der von Spenden und Almosen leben soll - ein Drittel des spanischen Kapitals. ...

Unter 18 1/2 Millionen Spaniern waren noch im frühen 20. Jahrhundert 12 Millionen Analphabeten, fast zwei Drittel aller Einwohner. Und zwei Drittel litten an endemischer Unterernährung, ganze Landstriche verfielen dem Hunger. Während 96 Prozent der Spanier nur ein Drittel des bebauten Bodens besaßen, hatte die Kirche ihr Vermögen in Banken investiert, in Straßenbahnen, Eisenbahnen, Schiffahrtgesellschaften, Reedereien, Wasserkraftwerken, Bergwerken, Textilfabriken, Bauunternehmen u. a., sonnte sich der Klerus, verfilzt mit Großkapital und Adel, im Glanz seiner gesellschaftlichen Beziehungen. ... Die Kirche aber ließ das Volk im Dreck verkommen." [63]

„Das Geld ist sehr katholisch"

Kein Wunder, dass damals ein geflügeltes Wort lautete: „El dinero es muy catolico" – „Das Geld ist sehr katholisch." Noch in den 20-er Jahren des 20. Jahrhunderts sagte ein Politiker, als er eine Schule für Arbeiter genehmigen sollte: „Wir brauchen keine Menschen, die denken, sondern Ochsen, die arbeiten können." [64] Und auch dazu gibt es ein geflügeltes Wort, diesmal allerdings aus Deutschland: „Der Minister nimmt flüsternd den Bischof beim Arm: Halt du sie dumm, ich halt sie arm!" Und das passt für Spanien sehr gut, weil hier die Schulen über Jahrhunderte fest in der Hand der Kirche lagen.

Diese himmelschreienden Verhältnisse führten letztlich dazu, dass die Bevölkerung sich in Scharen von der Kirche abwandte. Um 1910 waren über zwei Drittel der Spanier keine praktizierenden Katholiken mehr. Dennoch war der Katholizismus aufgrund eines Konkordats von 1876 noch bis 1931 alleinige Staatsreligion unter Ausschluss aller andern Konfessionen, und der Staat bezahlte trotz des immensen kirchlichen Reichtums noch immer Kirche und Klerus aus allgemeinen Steuermitteln!

Kein Wunder, dass es im Volk brodelte und gärte, vor allem unter den Armen. Es kam immer wieder zu Unruhen und zu Streiks, so z. B. 1917 in Oviedo, wo sich bei der blutigen Niederwerfung eines Generalstreiks durch das Militär ein Major namens Francisco Franco zum ersten Mal einen Namen machte. Aber erst die langen Schatten der Weltwirtschaftskrise Ende der 20er Jahre des 20. Jahrhunderts ließen die soziale und wirtschaftliche Rückständigkeit des Landes so ungeschminkt hervortreten, dass ein Wechsel der Verhältnisse eintrat: Die Spanier schickten 1931 erst den Militärdiktator Miguel Primo de Rivera und dann den König Alfons XIII. ins Exil und riefen die Republik aus.

Wer sich mit der Kirche anlegt, lebt gefährlich

Eine neue, vom Volk gewählte Regierung krempelte die Ärmel hoch und machte sich mit Hochdruck an die Arbeit: Scheidungsgesetz, Frauenrechte, Mindestlöhne, 48-Stunden-Woche, Agrarreform, Enteignung großer Güter, Verdoppelung der Löhne für Landarbeiter, der Bau von 10.000 neuen Schulen. All dies hätte bereits genügt, um die Kirchenhierarchie gegen diese linksliberal orientierte Regierung aufzubringen. Doch die Reformen gingen noch weiter: Staat und Kirche wurden getrennt. Die staatlichen Subventionen für kirchliche Vereine wurden gestrichen und der Kirche wurde auch die Einflussnahme auf die Schulen genommen.

Wer die Kirchengeschichte kennt, der weiß: Wer so handelt, der riskiert buchstäblich Kopf und Kragen. Und die Reaktion ließ nicht lange auf sich warten. Papst Pius XI. rief in einer Enzyklika schon kurz darauf zu einem „heiligen Kreuzzug für die vollständige Wiederherstellung der kirchlichen Rechte" auf. Womit natürlich die alten feudalen Rechte und Privilegien gemeint waren, die die Kirche im Laufe von Jahrhunderten an sich gerissen hatte.

Pius XI. zeigte mit dieser Äußerung unmissverständlich, auf welcher Seite er stand – und auf welcher Seite der Vatikan, trotz aller frömmelnden Worte und Beteuerungen, bis heute steht: auf der Seite der Reichen und Mächtigen. Und es deutet sich hier bereits an: Während sich die römische Kurie in anderen Ländern wenigstens noch einige Mühe gab, Intrigen und Manipulationen nicht allzu offensichtlich werden zu lassen – im Fall Spanien gab sie sehr rasch jegliche Zurückhaltung auf und mischte sich ganz offen und ungeniert in die Innenpolitik eines fremden Staates ein.

Kein Wunder: Kenner der Mittelmeerpolitik des Vatikans bezeichnen bis heute Spanien als eines der Länder, die der Vatikan als seine „angestammten Feudalgüter" betrachtet, sozusagen als althergebrachtes Eigentum der Päpste.

Und für diese Einstellung stand nicht nur der damalige Papst, sondern selbstredend auch seine rechte Hand, Kardinalstaatssekretär Eugenio Pacelli. Dieser kümmerte sich bereits 1933 persönlich darum, in Spanien eine rechtsgerichtete Sammelpartei zu gründen, die CEDA [65], die auch für Spanien einen katholisch-faschistoiden Ständestaat nach österreichischem oder italienischem Vorbild anstrebte. Ihr „Führer" Gil Robles wollte die zwischenzeitliche Demokratie nach eigener Aussage nur als Sprungbrett zur Macht benützen, um sie dann anschließend abzuschaffen. Gil Robles war vom katholischen Orden der Salesianer erzogen worden und bewunderte den katholischen Führer Deutschlands, Adolf Hitler.

Das propagandistische Trommelfeuer der gesamten Kirchenhierarchie aus Spanien und aus Rom gegen die „gottlose" spanische Linksregierung verfehlte seine Wirkung nicht. Bereits 1933 wurde eine Rechtsregierung gewählt, die ihre Hauptaufgabe darin sah, die Gesetze der Vorgängerregierung umgehend wieder abzuschaffen. Es ist eine Ironie der Geschichte, dass diese Rechtsregierung unter anderem deshalb zustande kam, weil die Linke zuvor das Wahlrecht für Frauen eingeführt hatte. Diese hörten jedoch insbesondere auf dem Lande noch überwiegend auf die Anweisungen ihrer Beichtväter, welche Partei sie denn nun zu wählen hatten.

Franco empfängt Himmler (1940).
Von rechts: Serrano Suñer, Francisco Franco, Heinrich Himmler.

Zum rechten Lager gehörte damals auch eine rein faschistische Partei, die Falange, die nach Aussage von Karlheinz Deschner insbesondere von den Jesuiten gefördert wurde und deren Führer Ramón Serrano Suñer, ein Schwager Francos und Freund Mussolinis und Hitlers, später im Jahr 1942 von Papst Pius XII. mit dem Großkreuz des Ordens Pius IX. ausgezeichnet werden sollte. (Wir erinnern uns: Pius IX. hatte im Jahr 1870 nicht nur die Unfehlbarkeit der Päpste, sondern auch deren Vorrangstellung in der Welt als oberste Richter aller Richter zum Dogma erhoben.)

Wie eng Kirche und faschistische Partei miteinander verfilzt waren, zeigt sich auch daran, dass jedes Mitglied der Falange regelmäßig zur Messe gehen, beichten und die Kommunion empfangen musste. Nach dem Bürgerkrieg sollte die Falange dann zur einzigen in Spanien noch zugelassenen Partei aufsteigen.

Ein „Kreuzzug" der Kirche
gegen die spanische Republik

Als die Rechtsregierung die sozialen Errungenschaften der Vorgänger rückgängig zu machen beginnt und das soziale Elend wieder zunimmt, kommt es erneut zu Aufständen, die wiederum vom Militär blutig unterdrückt werden. Tausende werden ohne Prozess eingesperrt. Doch noch immer ist Spanien eine Demokratie. Bei den Wahlen im Januar 1936 siegt wiederum die Volksfront, und zwar klar. Das Volk hat entschieden, wie es regiert werden möchte. Doch Kirche und Faschisten wollen das nicht hinnehmen. Und dieser „überwältigende Wahlsieg der Volksfront", so Karlheinz Deschner, „war der tiefere Grund für den Ausbruch des Bürgerkriegs" noch im Juli desselben Jahres. Die Ermordung des Führers der Monarchistenpartei, José Calvo Sotelo, Mitte Juni 1936 war „allenfalls ein Signal. Der Aufstand war längst vor dem Mord geplant". [66]

Und so ein Aufstand kostet Geld. Finanzier der Erhebung, an deren Spitze sich sehr rasch der Major Francisco Franco setzte, war der mallorquinische Schmugglerkönig, Immobilienspekulant und rechtsgerichtete Medienzar Juan March. Dieser hatte sich vor dem Putsch rechtzeitig mit seinem Vermögen nach Frankreich abgesetzt, um von dort aus geschickt die finanziellen Fäden zu ziehen. Der katholische Moraltheologe Johannes Ude, als Vegetarier, Pazifist und Atomkraftgegner eine absolute Ausnahmeerscheinung unter seinen Priesterkollegen, zog aus diesen Vorgängen den Schluss:

„Die nationale Front besorgte also unter kapitalisti-scher Finanzierung vom Ausland her die Geschäfte der Großgrundbesitzer, um das Vaterland – gemeint ist natürlich der Großgrundbesitz – vor dem Kommu-nismus zu retten." [67]

Dies waren also die Vorgänge hinter den Kulissen – und man kann sich auch ohne viel Phantasie vor-stellen, dass die gerade in Spanien steinreiche Kirche an dieser Bestandssicherung mit Waffengewalt leb-haften Anteil nahm. Von Beginn an unterstützte der spanische Klerus nicht nur den Militäraufstand gegen die demokratisch gewählte Regierung. Die Bischöfe stilisierten ihn sogar zu einem „Kreuzzug" hoch. „Dies ist kein Krieg", schrieb beispielsweise Marcelino Olae-chea, Bischof von Pamplona, in einem Hirtenbrief vom 23. August 1936, „dies ist ein Kreuzzug, und die Kirche kann gar nicht anders, als alles, was sie hat, für die Kreuzfahrer in die Waagschale zu werfen."

Oder der Bischof von Salamanca, Pla y Deniel. Er schrieb am 30. September: „Es handelt sich nicht mehr um einen Bürgerkrieg, sondern um einen Kreuz-zug für die Religion, für das Vaterland und die Zivilisa-tion". Und derselbe Bischof, inzwischen Kardinal und Erzbischof von Toledo und damit Primas von Spanien, verkündete noch im Jahr 1958, also fast 20 Jahre nach Ende des Bürgerkriegs: „Die Kirche hätte niemals einen reinen Militärputsch gesegnet, noch eines der Lager in einem Bürgerkrieg. Sie segnete, jawohl, einen Kreuzzug!" [68]

Wohlgemerkt: Wir befinden uns nicht im Mittelalter, sondern mitten im 20. Jahrhundert. Doch was die Bischöfe hier wiedergaben, das war eins zu eins auch die Meinung des Vatikans. Papst Pius XI. segnete am 14. September 1936 „alle, die sich die schwierige Aufgabe vorgenommen haben, die Rechte Gottes und der Religion wiederherzustellen". [69]

Auch hier wird wieder Gott verhöhnt. Denn Er, unser himmlischer Vater, hat weder eine Religion gegründet, auch nicht Sein Sohn Christus, noch beansprucht Er hier auf der Erde irgendwelche Rechte – weder das Recht auf Grundbesitz, noch auf Indoktrination von Kindern noch auf Ausbeutung von Erwachsenen. Er befürwortet auch keine Kriege und keine Gewalt, denn Er liebt alle seine Kinder gleich.

Die deutschen Bischöfe schüren das Feuer

Und doch ist das, was Papst Pius XI. hier gerade von sich gab, noch geradezu diplomatisch verklausuliert im Vergleich zu dem, was die deutschen Bischöfe schon im August 1936 in einem Hirtenbrief dazu schrieben, den sie übrigens auf direkte Anweisung von Kardinalstaatsekretär Pacelli verfasst haben. Hier wird das Thema Spanien ganz direkt angesprochen, und zwar wie folgt:

„Welche Aufgabe damit unserem Volk und Vaterland zufällt" – gemeint ist der Krieg in Spanien – „ergibt sich von selbst. Möge es unserem Führer [Adolf Hitler] mit Gottes Hilfe gelingen, dieses ungeheuer schwere Werk der Abwehr [gegen die angebliche Gefahr des Bolschewismus] in unerschütterlicher Festigkeit und treuester Mitwirkung aller Volksgenossen zu vollbringen." [70]

Noch deutlicher werden die deutschen Bischöfe dann im Januar 1937, als sie in einem weiteren Hirtenbrief schreiben:

„Geliebte Diözesanen! Der Führer und Reichskanzler Adolf Hitler hat den Anmarsch des Bolschewismus von weitem gesichtet und sein Sinnen und Sorgen darauf gerichtet, diese ungeheure Gefahr von unserem deutschen Volk und dem Abendland abzuwehren. Die deutschen Bischöfe halten es für ihre Pflicht, das Oberhaupt des Deutschen Reiches in diesem Abwehrkampf" – in Wirklichkeit wurde in Spanien

eine rechtmäßige Regierung von Militärs angegriffen, es ist also genau umgekehrt – „...in diesem Abwehrkampf mit allen Mitteln zu unterstützen, die ihnen aus dem Heiligtum zur Verfügung stehen. So gewiss der bolschewistische Todfeind ... seine ersten Angriffe immer gegen die Diener der Heiligtümer des kirchlichen Lebens richtet, wie die Vorgänge in Spanien aufs neue beweisen ..., so gewiss ist die Mitarbeit an der Abwehr dieser satanischen Macht auch eine religiöse und kirchliche Zeitaufgabe geworden.“ [71]

Dies ist nicht nur eine ungeheuerliche Gotteslästerung – denn Gott wird hier für einen blutigen Bürgerkrieg vereinnahmt, und der politische Gegner wird als „Satan" gebrandmarkt. Dieser Hirtenbrief ist zugleich auch die offizielle kirchliche Rechtfertigung für das Eingreifen der faschistischen Mächte Deutschland und Italien auf der Seite der Franco-Faschisten in Spanien. Und es ist gewiss: Ohne diese Hilfe aus Deutschland und Italien hätte Franco diesen Bürgerkrieg nie gewinnen können. Schon allein der Transport der Franco-Truppen vom damals spanisch besetzten Marokko auf das spanische Festland wäre ohne die Flugzeuge Hitlers nicht möglich gewesen. Dieser Hirtenbrief ist daher zugleich auch eine Generalabsolution für alle deutschen Soldaten, die von deutschen Flugzeugen aus Bomben auf die wehrlose Zivilbevölkerung

Die baskische Stadt Guernica nach deutschem Luftangriff (1937)

warfen, zum Beispiel auf die baskische Stadt Guernica, und die dabei das deutsche Militärgerät im Auftrag Hitlers und Görings bereits für den späteren Zweiten Weltkrieg ausprobierten.

Wo der „Satan" also wirklich zu finden ist, das mag jeder selbst beurteilen.

Doch dieser Hirtenbrief der Deutschen Bischofskonferenz vom Januar 1937 ist noch in anderer Hinsicht entlarvend. Er zeigt nämlich in aller Deutlichkeit, dass die Legende vom angeblichen Widerstand der

Vatikankirche gegen das Hitlerregime eine glatte Lüge ist. Deutlicher als hier kann man einen Diktator gar nicht hofieren und unterstützen. Und auch die bis heute von Theologen und katholischen Historikern häufig geäußerte Ausflucht, Papst Pius XII. habe nur deshalb zum Holocaust, also zur millionenfachen Ermordung der Juden, geschwiegen, weil er eine gewählte deutsche Regierung nicht so direkt hätte angreifen können und weil er damit die deutschen Katholiken hätte beschützen wollen, erweist sich als billige Ausrede, ja als glatte Lüge. Denn hier, im Spanien der Bürgerkriegsjahre, hat der Vatikan mitsamt seinen Bischöfen sehr wohl eine vom Volk gewählte Regierung angegriffen. Und Pius XI. und sein späterer Nachfolger Pacelli nahmen dabei sehenden Auges in Kauf, dass insbesondere auch die spanischen Katholiken einen erheblichen Teil der Zeche dieser Kriegstreiberei bezahlen mussten.

Wie aus „Kollateralschäden" Märtyrer werden

Dieser Bürgerkrieg wurde von beiden Seiten mit erheblicher Grausamkeit geführt, und zu den 600.000 Todesopfern gehörten auch mehrere tausend Priester und Nonnen. Sie wurden ermordet, weil sich gerade zu Beginn des Bürgerkrieges der über Jahrhunderte angestaute Hass auf die Kirche, die für diesen Krieg ganz offensichtlich eine der treibenden Kräfte war, auf entsetzliche Weise entlud. Auch Klöster und Kirchen wurden zu hunderten niedergebrannt.

Doch für die Zyniker der Macht in Rom waren dies offenbar nur „Kollateralschäden", die man in Kauf nehmen musste. Schließlich ging es hier ums Eingemachte: um den Grund- und Immobilienbesitz der Kirche, um ihre üppige Finanzierung durch den Staat, um die staatlich gesicherte Einflussnahme auf die Kinder – all dies stand auf dem Spiel. Und es ging in Spanien gegen eine demokratisch gewählte Linksregierung, die man im Vatikan, wie wir gesehen haben, von vorne herein als „satanische Macht" ansah. Den Diktaturen im nationalsozialistischen Deutschland oder im faschistischen Italien hingegen bot man nicht die Stirn – denn diese ließen schließlich die Privilegien und den Besitzstand der Kirche weitgehend unangetastet. Und die Faschisten, die brauchte man für den Kampf gegen den Bolschewismus – und insgeheim vielleicht auch, um sich endlich auch den großen, Jahrhunderte alten Traum des Vatikan zu erfüllen: die Orthodoxen Russlands eines Tages wieder katholisch zu machen.

Der Vatikan lieferte auf diese Weise einen Teil seines treuesten Personals ans Messer. Doch es gehört zur vatikanischen Logik, auch aus dieser Tragödie noch im übertragenen Sinne Kapital zu schlagen. Am 28.10.2007 wurden in der größten Seligsprechungszeremonie der Kirchengeschichte 498 spanische „Märtyrer" selig gesprochen, die zu Beginn des Bürgerkrieges ermordet worden waren. Katholische Priester, die von Franco-Truppen umgebracht wurden, weil sie mit der Republik sympathisierten – auch solche gab es durchaus – waren allerdings keine dabei. Nicht ein einziger.

Zurück ins Jahr 1936. Durch seine massive Einflussnahme auf internationaler Ebene trug der Vatikan nicht nur dazu bei, dass Hitler und Mussolini den Militärputsch in Spanien massiv unterstützen. Dieser Propagandafeldzug gegen die angebliche bolschewistische Gefahr und zur angeblichen Rettung des christlichen Abendlandes führte auch maßgeblich dazu, dass die demokratischen Staaten Europas mehr oder weniger die Hände in den Schoß legten. Die einzige Macht, die die spanische Republik wirklich unterstützte, war die Sowjetunion. Und hier stoßen wir auf eine weitere Ironie der Geschichte: Zu Beginn des Bürgerkrieges waren die Kommunisten auf republikanischer Seite, entgegen aller Propaganda der Rechten, nur eine verschwindende Minderheit. Doch nun nahm der Einfluss Moskaus immer mehr zu. Und dieser Einfluss führte dann gegen Ende des Bürgerkriegs zu kräftezehrenden internen Bruderkämpfen auf republikanischer Seite, zu einem regelrechten Krieg im Krieg. Denn auch Moskau ging es um die Macht und um sonst nichts. Das Wohl der Völker war Stalin ganz offensichtlich völlig gleichgültig.

Erst ein toter Märtyrer ist ein guter Märtyrer

Und genau das hatte er mit den Mächtigen im Vatikan gemeinsam. Beide lieben Märtyrer – so richtig allerdings erst, wenn sie tot sind. So rührte z.B. Josef Stalin während des Zweiten Weltkriegs keinen Finger, um den deutschen Kommunistenführer Ernst Thälmann aus dem Konzentrationslager freizubekommen, obwohl er zwischen 1939 und 1941 über gute Kontakte zu Hitler verfügte. Thälmann wurde später von den Nazis ermordet und war dann nach dem Krieg der große Held der Arbeiterklasse.

Ein vergleichbarer Fall ereignete sich auch in Spanien. Bereits im Frühjahr 1936, also vor Ausbruch des Bürgerkrieges, hatte Anselmo Polanco, Bischof von Teruel in Aragonien, in einem flammenden Hirtenbrief die Volksfront verteufelt und zumindest verbal bereits den Bürgerkrieg eingeläutet: „Auf der einen Seite kämpfen die Verteidiger von Religion, Eigentum und

Familie", schrieb der Bischof, „auf der anderen die Vertreter des Unglaubens, des Marxismus und der freien Liebe. Das sind ... die gegeneinander streitenden Kräfte von Gut und Böse ... Lasst uns auf das Schlachtfeld eilen und den Posten einnehmen, der uns zukommt. Gott will es so! Die Kirche und das Vaterland verlangen es!" [72]

„Deus lo vult! – Gott will es!" Mit diesem Schlachtruf hatte, wie erwähnt, bereits 1095 Papst Urban II. die Kreuzfahrer in den ersten Kreuzzug geschickt.

Und auch Bischof Polanco blieb nicht untätig. Nach Ausbruch des Krieges rüstete er auf eigene Faust eine Guerillaeinheit aus, die hinter den feindlichen Linien in der republikanisch dominierten Zone Sabotageakte verüben sollte. Als Teruel dann vorübergehend von den Republikanern erobert wurde, sperrte man den Bischof ein, und sein Leben stand auf Messers Schneide. Der republikanische Verteidigungsminister Indalecio Prieto jedoch sorgte dafür, dass er nicht hingerichtet wurde. Die Republik machte dem Vatikan vielmehr ein Angebot: Sie wolle Polanco nach Italien ausreisen lassen, wenn der Vatikan sich verpflichte, dafür zu sorgen, dass der umtriebige Bischof sich bis zum Ende des Bürgerkriegs mit politischen Äußerungen zurückhalte.

Doch das Unerwartete geschah: Der Papst und sein Staatssekretär Pacelli reagierten auf dieses Angebot überhaupt nicht, obwohl es noch zweimal wiederholt wurde. Mit dem Ergebnis, dass in der Endphase der Bürgerkriegs, als alles drunter und drüber ging, Bischof Polanco unter bis heute ungeklärten Umständen erschossen wurde, vermutlich von einer kommunistischen Milizeinheit. Doch Rom hatte nun einen Märtyrer mehr: Anselmo Polanco, ein Kriegshetzer und Hintermann der Guerilla, wurde 1995 als einer der ersten Bürgerkriegstoten von Papst Karol Wojtyła selig gesprochen.

Katholische Kriegs-„Mystik"

Die flammenden Hirtenbriefe und Kanzelpredigten des spanischen Klerus landauf, landab blieben natürlich nicht ohne Wirkung. Wie porentief Katholizismus und Faschismus während des spanischen Bürgerkriegs (und auch danach) zusammengehörten, das sieht man z.B. am offiziellen Reglement des faschistischen Rebellenheeres: „Denke daran", heißt es da, „dass du berufen bist, Christus die Nation seiner Auserkorenen wieder zu erobern, die ihm von anderen entrissen wurde. Wenn du dich ganz in den Dienst dieser hehren Aufgabe stellst und dein Leben dafür opferst, so lobpreise die göttliche Barmherzigkeit, die das Gewissen mit dem erhabenen Licht des Märtyrer-scheins überstrahlt. ... Du trägst in deinem Herzen das Feuer eines Apostels, und deine Hände müssen das Werkzeug der göttlichen Allmacht sein." [73)]

Und wie sehr es offenbar nötig war, auf diese gera-dezu satanische Weise, unter ständigem Missbrauch der Namen Gottes und Christi, das Gewissen der Franco-Soldaten zu vernebeln und abzutöten, das be-schreibt Karlheinz Deschner so: „Selbst das katholi-sche Irland mobilisierte eine Brigade für den ‚christli-chen Kreuzzug', bei dem schon am ersten Tag General Queipo de Llano das Arbeiterviertel von Sevilla dem Erdboden gleich machen ließ, nachdem man zuvor alle – so gut wie waffenlosen – Männer auf den Stra-ßen zusammengetrieben und abgestochen hatte." [74)] Ähnliches geschah im Februar 1937 in Málaga, als Zehntausende von Menschen vor den Truppen der nationalen Front flüchteten, die doch angeblich kam, um sie vor dem Bolschewismus zu retten. Drei Tage lang bombardierten Flugzeuge und Kriegsschiffe die Küstenstraße nach Almería, 10.000 flüchtende Men-schen kamen um.

Franco stilisierte sich derweilen zum „Kämpfer Christi" und – ähnlich wie Adolf Hitler - zum „Werkzeug der Vorsehung". Der Generalissimus wurde nicht müde zu betonen: „Dieser Krieg ist kein Bürgerkrieg, sondern ein Kreuzzug gegen die Weltrevolution." Der Erzbischof von Santiago de Compostela pflichtete ihm bei: „Christus und der Antichrist bekämpfen sich auf unserem Boden." [75])

Der Antichrist, der uralte Gegenspieler Gottes, hatte immer schon großen Gefallen daran, wenn Menschen sich gegenseitig foltern, verstümmeln und ermorden, möglichst noch im Namen Gottes, damit dessen Name gleich mit besudelt wird. „Viva Cristo Rey, es lebe Christus, der König" – das war der Schlachtruf, mit dem die faschistische Falange und auch die Carlisten aus Navarra in die erbarmungslosen Schlachten des Bürgerkriegs zogen – letztere mit einem Herz-Jesu-Amulett über dem Herzen, das wie ein afrikanischer Voodoo-Fetisch die Kugeln des Feindes abhalten sollte.

Das Blut der „Ketzer" „reinigt" das Land

Doch das Abschlachten war mit der Niederlage der Republik noch keineswegs vorbei. Noch sechs Jahre lang, bis 1945, wurden verdächtige „Linke" im ganzen Land aufgespürt und ermordet. Man rechnet mit weit mehr als 100.000 Menschen, vielleicht sogar 200.000, die noch nach dem Ende der Kämpfe durch das

Franco-Regime umgebracht wurden. Die meisten wurden irgendwo am Straßenrand verscharrt; und erst seit wenigen Jahren trauen sich ihre Familien, diese Gräber aufzuspüren und die Toten zu exhumieren.

Das „Werkzeug der katholischen Vorsehung", Francisco Franco, hat dieses grausame Nachspiel offenbar schon von Anfang an so geplant. Als er kurz nach dem Staatsstreich 1936 von einem britischen Journalisten gefragt wurde, was er damit meine, wenn er sage, er werde Spanien „um jeden Preis vom Marxismus befreien", ob das nicht bedeute, dass er „halb Spanien erschießen lassen" müsse, da antwortete der Caudillo: „Ich wiederhole: um jeden Preis!" [76]

Durch ein „Blutopfer", so schreibt der Journalist Jürgen Schaefer über den Bürgerkrieg, wollte Franco Spanien „läutern" – auch dies eine durch und durch katholische, aber absolut unchristliche Vorstellung. [77] Durch den Tod und das Blut der Ketzer wird das Land geläutert und von der gefährlichen Ansteckung der Häresie gereinigt – das war auch schon die furchtbare Weltanschauung der spanischen Inquisition, die über Jahrhunderte ihren Terror im Land verbreitete, die alles Nicht-Katholische ausmerzte und zum Schweigen brachte. Solche „Blutopfer" und Massaker an Andersgläubigen sind also seit je her römisch-katholische Tradition, insbesondere in Spanien.

Pius XII. gratuliert zum „ersehnten Sieg"

Inzwischen war Pius XI. am 10. Februar 1939 verstorben und Eugenio Pacelli am 2. März zum neuen Papst Pius XII. gekrönt worden. Einer seiner ersten Amtshandlungen: Er gratulierte am 1.4.1939 Franco zum Sieg:

„Indem wir unser Herz zu Gott erheben, freuen wir uns mit Ehrwürdiger Exzellenz über den von der katholischen Kirche so ersehnten Sieg. Wir hegen die Hoffnung, dass Ihr Land nach der Wiedererlangung des Friedens mit neuer Energie die alten christlichen Traditionen wieder aufnimmt." [78]

Franco enttäuschte auch umgekehrt den Papst nicht. Er hielt als Diktator eines katholischen Ständestaats die „katholische Tradition" hoch bis zum seinem Tod im Jahr 1975. Sein Grab befindet sich bis heute in einer monumentalen Kirche im *Valle des los caídos*, im „Tal der Gefallenen". Dessen Monumentalbauten wurden nach dem Krieg allerdings nur für die Gefallenen der nationalen Seite errichtet – und zwar von republikanischen Zwangsarbeitern. Die Orte, an denen

Valle de los caídos – das Tal der Gefallenen.

die Gefallenen der „anderen Seite" verscharrt wurden, sind – wie gesagt – bis heute oft noch gar nicht gefunden.

Wer also Pius XII. selig sprechen will, der plant, einen Mann selig zu sprechen, der nicht nur zum Holocaust schwieg, sondern der auch für einen der blutigsten und grausamsten und längsten Bürgerkriege des 20. Jahrhunderts maßgeblich mitverantwortlich war. Denn die treibende Kraft hinter dem spanischen Bürgerkrieg, wie schon hinter ungezählten Kriegen der Geschichte, das

war der Vatikan. Der Nazarener hingegen sagte: „Wer zum Schwert greift, wird durch das Schwert umkommen".

4.4 Rom (1939): „Lenker des Erdkreises"

Für die Politik des Vatikan bedeutete die Wahl Pacellis zum neuen Papst keinen großen Einschnitt: ein „fliegender Stabwechsel" sozusagen. Die bisherige Nummer zwei wurde einfach die neue Nummer eins.

Doch ehe wir dem neuen „Stellvertreter" weiter über die Schulter schauen, lohnt es sich, noch einen kurzen Blick auf diese Wahl selbst zu werfen – genauer gesagt auf das Krönungsritual, das ihr unmittelbar folgte. Denn hier erleben wir etwas, das zwar heute nicht mehr in dieser Weise an die große Glocke gehängt wird, das aber deshalb noch lange nicht außer Kraft gesetzt ist: Kardinal Caccia Dominioni setzte dem neu gewählten Papst die Papst-Krone, die Tiara, aufs Haupt und sagte dazu:

„Empfange die mit einer dreifachen Krone geschmückte Tiara und wisse, dass du der Vater der Fürsten und Könige bist, der Lenker des Erdkreises!" [79]

Die Tiara ist eine „Dreifach-Krone", die in ihrer Form und Funktion als Herrschafts-Symbol ursprünglich aus Persien stammt und von den Päpsten des Hochmittelalters bis zur dreifachen Krone „aufgestockt" wurde. Damit stellte sich die Romkirche symbolisch über alle anderen Herrscher der Erde. Auch Papst Joseph Ratzinger ließ sich wenige Wochen nach seiner Wahl eine Tiara schenken, die er bisher allerdings nicht trägt.

Der katholische Journalist und Buchautor Hanspeter Oschwald hat Pius XII. in seinem Buch über diesen Papst als den „letzten Stellvertreter" bezeichnet. Er meint damit aber nicht, dass die Päpste seither den Anspruch des angeblichen „Stellvertreters Jesu" aufgegeben hätten oder auch den vatikanischen Größenwahn, der in dem Dogma zum Ausdruck kommt, das Papst Pius IX. im Jahr 1870 verkündet hatte: dass nämlich die Päpste die obersten Richter des Erdkreises seien, über die niemand richten könne. All diese Ansprüche bleiben bis heute unverändert bestehen. Oschwald meint damit etwas anderes: Er meint die uneingeschränkte Autorität eines Papstes, dem innerhalb der Kirche bis weit in die 50er Jahre hinein niemand zu widersprechen wagte.

Der Vatikan hat es nach dem Zweiten Weltkrieg bisher nicht mehr gewagt, bei der Krönung eines

Pius XII. 1939, kurz nach seiner Krönung, mit Tiara

neuen Papstes diese uralte Macht-Formel vom „Lenker des Erdkreises" zu verwenden. Sie klingt offenbar nicht mehr modern genug. In der schwülen und aufgeheizten Atmosphäre der späten 30er Jahre, als ringsum in Europa zahlreiche faschistische, mit dem Vatikan eng befreundete Diktaturen am Ruder waren, klang ein derartiger Machtanspruch hingegen ganz „normal".

Vielleicht hat der Vatikan aber auch gespürt, dass die Völker nach dem großen Krieg sehr ernüchtert und ablehnend waren gegenüber den „hehren Zielen" sogenannter „Führer". Und die Menschen können zwei und zwei zusammenzählen: Wäre der Papst wirklich der „Lenker des Erdkreises" – weshalb konnte oder wollte er dann die große Menschheitskatastrophe des Zweiten Weltkriegs mit 60 Millionen Toten nicht verhindern? Weshalb konnte oder wollte er nichts gegen die vielen Kriege und Naturkatastrophen seither tun? Was bewirkt dann bis heute der Segen „Urbi et Orbi" (der Stadt und dem Erdkreis), den der jeweils amtierende Papst zweimal im Jahr spendet? Und in der Welt sieht es immer schlimmer aus! Da kann doch etwas nicht stimmen!

Aber vielleicht will ja Papst Joseph Ratzinger gerade deshalb seinen Vorgänger Pius XII. unbe-

dingt selig und heilig sprechen, weil er ganz bewusst an diesen Anspruch „Lenker des Erdkreises", „Richter aller Richter" wieder anknüpfen will?

Nicht umsonst wird Pius XII. von Karlheinz Deschner so beschrieben:

„Der Pacellipapst, verliebt in Macht und Herrlichkeit, ein bühnenreifer Aristokrat, der dem Persönlichkeitskult schwirrende Flügel verlieh, der die Wirkung seiner Auftritte berechnete ‚wie eine Primadonna', der sich in Menschenansammlungen badete, obwohl er sie gefürchtet hat, der dabei vor Erregung zu vibrieren, zu zittern begann, der sich, wie keiner seiner Vorgänger, ‚lebendiger Petrus' nennen ließ, ... dieser Papst gerierte sich derart pharaonisch-hieratisch, dass es selbst den vieles verkraftenden Monsignori missfiel: ‚bis in die letzte Faser seines Herzens ein Alleinherrscher', der keine Mitarbeiter wollte, sondern bloß Ausführende, Befehlsempfänger." [80]

Insofern könnte dieser Papst tatsächlich einem katholischen Idealbild entsprechen. Nur: Mit Jesus von Nazareth, auf den sich die katholische Kirche noch immer beruft, dem großen Liebe- und Weisheitslehrer, der ein bescheidenes Leben führte und alle seine Mitmenschen als seine Brüder und Schwestern ansprach, hat das alles natürlich nicht das Geringste zu tun.

„Wir lieben Deutschland jetzt noch viel mehr"

Der neu gewählte Papst, zuletzt als Kardinalstaatssekretär ohnehin die rechte Hand seines Vorgängers, setzte dessen Politik nahtlos fort. Dazu gehörte auch, faschistische Diktatoren äußerst wohlwollend zu behandeln. Kurz nach seiner Thronbesteigung erflehte er für den Diktator Adolf Hitler „mit den besten Wünschen den Schutz des Himmels und den Segen des allmächtigen Gottes". [81]

Wohlgemerkt: Das geschah im Jahr 1939, nach sechsjähriger Terrorherrschaft der Nazis mit Konzentrationslagern, Nürnberger Rassegesetzen, Judenboykotten und Reichspogromnacht. Zu all dem hatte Eugenio Pacelli geschwiegen, obwohl er genau wusste, wer Adolf Hitler war – er hatte *Mein Kampf* schon lange vor der Machtergreifung genau studiert. Das hinderte ihn aber nicht daran, 1939 zu betonen, dass der „Führer" das „legale Oberhaupt der Deutschen sei und jeder sündige, der ihm den Gehorsam verweigere". [82]

Adolf Hitler brauchte sich jedenfalls keine Sorgen über Widerstand von Seiten der Kirche zu machen, als er zwei Wochen nach Pacellis Thronbesteigung seine Truppen in Prag einmarschieren ließ und damit dem gerade einmal 20 Jahre bestehenden Staat der Tschechoslowakei schon wieder den Todesstoß versetzte. Der neue Papst äußerte Ende April 1939 gegenüber deutschen Rom-Reisenden: „Wir haben Deutschland" –„Wir", das ist der so genannte „Pluralis majestatis" – „Wir haben Deutschland, wo Wir Jahre unseres Lebens verbringen durften, immer geliebt, und Wir lieben es jetzt noch viel mehr (!). Wir freuen Uns der Größe, des Aufschwungs und des Wohlstandes Deutschlands, und es wäre falsch, zu behaupten, dass Wir nicht ein blühendes, großes und starkes Deutschland wollen." [83]

4.5 Slowakei (1939-44): Ein päpstlicher Kammerherr als faschistischer Diktator

Zu diesem „großen und starken Deutschland", das der Papst so enthusiastisch begrüßte, gehörte nunmehr als Marionettenstaat auch die gesamte Tschechoslowakei – von der aber umgehend wiederum die Slowakei als neuer eigener Staat von Hitlers Gnaden abgetrennt wurde. Die Tschechische Republik und die Slowakei, die seit 1993 wieder getrennte Wege gehen, unterscheiden sich bis heute in historischer und konfessioneller Hinsicht stark voneinander. Das böhmische Kernland war als Hochburg der „Ketzerei" des 1415 in Konstanz auf dem Scheiterhaufen verbrannten Jan Hus dem Vatikan schon immer suspekt, und deshalb weinte er dem tschechischen Staat auch keine Träne nach. Die Slowakei hingegen ist bis heute stark vom Katholizismus geprägt. Und so wurde der erste Ministerpräsident und wenig später der erste Staatspräsident der neuen Republik von Hitlers Gnaden niemand anderes als Jozef Tiso, ein katholischer Priester und Theologieprofessor.

Papst Pius XII. unterstützte diese neuerliche Allianz von Kirche und Faschismus von Anfang an voll. Er erkannte den neuen Marionettenstaat als einer der ersten an, empfing den neuen Staatschef Tiso im Vatikan und verlieh ihm den Titel eines „päpstlichen Kammerherrn" – woraufhin dieser frischgebackene Kammerherr voll

Jozef Tiso (1887-1947)

mundig verkündete: „Katholizismus und Natio- nalsozialismus haben viel Gemeinsames und arbeiten Hand in Hand für die Verbesserung der Welt." [84]

Und was versteht ein katholischer Prälat unter der „Verbesserung der Welt"? Der päpstliche Kammerherr

Jozef Tiso hob als erstes Meinungs-, Presse- und Redefreiheit auf und verbot alle Parteien außer seiner „Volkspartei". Die slowakischen Juden ließ er in den sicheren Tod deportieren. Als der Priester Tiso gefragt wurde, ob dies christlich und human sei, antwortete er: „Ist es christlich, wenn die Slowaken sich von ihren ewigen Feinden, den Juden, befreien wollen? Die Liebe zu unserem Nächsten ist Gottes Gebot. Seine Liebe macht es mir zur Pflicht, alles zu beseitigen, was meinem Nächsten Böses antun will." [85]

Der „Päpstliche Kammerherr" und slowakische Diktator Jozef Tizo trifft im Oktober 1941 seinen Verbündeten Adolf Hitler in Berlin.

Wer jetzt denkt, hier sei ein katholischer Priester übergeschnappt und habe sich seine eigene Version des Katholizismus zusammengebraut, der kennt die katholischen Dogmen nicht, die bis heute in Kraft sind. Was Josef Tiso hier vortrug, das erinnert bis in die Wortwahl hinein an ein Dogma, das bis heute für jeden Katholiken maßgeblich ist, vor allem für diejenigen, die in politischen Ämtern stehen. In der katholischen Lehrsatz-Sammlung von *Neuner und Roos* steht folgendes zu lesen:

„Die Kirche hat kraft ihrer göttlichen Einsetzung die Pflicht, aufs gewissenhafteste das Gut des göttlichen Glaubens unversehrt und vollkommen zu bewahren und beständig mit größtem Eifer über das Heil der Seelen zu wachen. Deshalb muss sie mit peinlicher Sorgfalt alles entfernen und ausmerzen, was gegen den Glauben ist oder dem Seelenheil irgendwie schaden könnte." [86)]

„... mit peinlicher Sorgfalt alles entfernen und ausmerzen ..." – wer denkt da nicht an die Scheiterhaufen der Inquisition und der Hexenverfolgung? Auch wenn Joseph Ratzinger immer wieder versucht, die Ermordung der Juden im 20. Jahrhundert allein den Nazis anzulasten – bei den eben zitierten Worten aus dem Mund des katholischen Priesters Jozef Tiso ahnt man, dass auch die Verbrennungsöfen von Auschwitz ohne die Jahrhunderte lange Vorbereitung durch die kirchliche Judenfeindschaft gar nicht denkbar gewesen wären.

Und für diese verbrecherische Ideologie wird dann auch noch der Name Gottes, des liebenden Vater aller Menschen und Wesen, missbraucht!

„Für den Vatikan aber," so schreibt Karlheinz Deschner, „war Tisos klerofaschistische Slowakei ‚Liebkind' über das Kriegsende hinaus, ihr Präsident selbst

‚ein vorbildlicher Priester, der ein unbescholtenes Leben führte'." [87] Auch für Tiso laufen übrigens Vorbereitungen für eine Seligsprechung ...

4.6 Polen (1939-44):
Ein katholisches Land wird „geopfert"

Auch als Hitlerdeutschland am 1. September 1939 Polen überfiel, kam kein Wort des Protestes aus dem Vatikan. Und das kam nicht von ungefähr. Bereits Mitte August hatte Pius XII. dem Botschafter Hitlers im Rom versichert, er werde sich jeder Verdammung Deutschlands enthalten, wenn es Polen bekriege. [88]

Polen war und ist bis heute zwar ein sehr katholisches Land – doch der Strategie des Vatikan stand es dennoch im Wege. Das Ziel des Vatikan war die Niederschlagung der Sowjetunion, letztlich um die Orthodoxen mit militärischer Gewalt wieder in die Romkirche zurückholen zu können.

Darin hat die Romkirche schließlich eine mehr als tausend Jahre lange Erfahrung. Schon der „heilige" Bonifatius zog im Auftrag des Papstes im Gefolge fränkischer Truppen im 8. Jahrhundert durch Germanien, um das Land katholisch zu machen. Ebenso hielt es Karl der Große mit den Sachsen, von denen er Tausende umbringen ließ. Mit Feuer und Schwert zogen die Kreuzzügler gegen die Muslime, aber auch gegen Hussiten, Slawen und Katharer. Mit Feuer und Schwert wurden die Ureinwohner Amerikas zu Katholiken gemacht, wobei die katholischen Eroberer mit Billigung des Papstes den größten Völkermord aller Zeiten verursachten. „Taufe oder Tod" – das war die Devise. Wobei wir gleich noch sehen werden, dass es im 20. Jahrhundert für diesen Schlachtruf noch eine Steigerung geben wird, die da lautet: „Taufe **und** Tod!"

Am liebsten hätte der Papst es also gesehen, wenn Polen gemeinsam mit Deutschland nach Russland marschiert wäre. Doch die Polen wussten genau, dass sie von Hitler in jedem Fall nichts Gutes zu erwarten hatten und suchten lieber die Nähe der Westmächte. „Polen focht nicht, wie es sollte, mit Deutschland gegen die gefürchtete Sowjetunion." [89)] Und deshalb wurde es mehr oder weniger geopfert. Kein Protest war aus dem Vatikan zu hören gegen die Bombardierung polnischer Städte, gegen die Inhaftierung, Folterung und Ermordung polnischer Lehrer, Professoren, Offiziere und auch Priester durch die deutschen Besatzer, ganz zu schweigen von der Ausrottung von Juden, „Zigeunern" und Behinderten. Vier polnische Bischöfe, fast 2000 Priester und mehr als 200 Nonnen wurden getötet, Tausende von katholischen Klerikern wurden in Konzentrationslagern eingesperrt. Doch der Papst beklagte nur ein einziges Mal, Ende Oktober 1939 in seiner Antrittsenzyklika, ganz allgemein die Leiden des polnischen Volkes, ohne jedoch die Vorfälle und vor allem die Täter beim Namen zu nennen. Ansonsten schwieg er.

Doch ist es nicht genau dieses Schweigen, das redet? Das den Vatikan Lügen straft, wenn er immer wieder anführt, das Schweigen des Papstes zum Holocaust sei aus Angst geschehen, dass die Katholiken in Deutschland es sonst hätten ausbaden müssen? Wenn es seinen strategischen Erwägungen entsprach, dann war dem Papst und war dem Vatikan das Schicksal Tausender, ja Millionen von Katholiken offenbar kaum der Rede wert.

Dass dieser Gedanke nicht aus der Luft gegriffen ist, das musste auch der polnische Außenminister Józef Beck erkennen, der im September 1939 dem Zangenangriff der deutschen und sowjetischen Truppen auf Polen durch die Flucht nach Rumänien entkam. Beck sagte dem italienischen Botschafter in Bukarest: „Einer der Hauptverantwortlichen für die Tragödie meines Landes ist der Vatikan. Zu spät erkannte ich, dass wir eine Außenpolitik betrieben haben, die lediglich der egoistischen Zielsetzung der katholischen Kirche diente." [90]

4.7 Sowjetunion (1941-45):
Hitlers „Kreuzfahrer" im „heiligen Krieg"

Diese Zielsetzung der Kirche in Richtung Osten wurde durch den Pakt zwischen Hitler und Stalin zunächst erheblich gebremst. Doch dann entschloss sich Hitler im Juni 1941 zum Angriff auf die Sowjetunion. Und – siehe da! – schon eine Woche später, am 29. Juni 1941, meldete sich der Papst mit einer Rundfunkansprache zu Wort. „Mitten im Dunkel des Gewitters", so der Pontifex, fehle es nicht „an Lichtblicken, die das Herz zu großen, heiligen Erwartungen erheben: Großmütige Tapferkeit zur Verteidigung der Grundlagen der christlichen Kultur und zuversichtliche Hoffnungen auf ihren Triumph". [91] Jeder, der das hörte, wusste genau, was mit diesen Metaphern gemeint war: der Kampf gegen den Bolschewismus. Und genau dies ließ Pius XII. auch dem spanischen Botschafter mitteilen: „Pius XII. habe freundschaftliche Gefühle für das Reich. Er wünsche dem Führer nichts sehnlicher als einen Sieg über den Bolschewismus." [92]

Während sich der Papst als Oberhaupt aller Katholiken in der Öffentlichkeit noch ein wenig zurückhielt und in Metaphern sprach (worin die Päpste ja Meister sind), nahmen die deutschen Bischöfe kein Blatt vor

156

den Mund. „Mit Genugtuung verfolgen wir den Kampf gegen die Macht des Bolschewismus", schreibt die Deutsche Bischofskonferenz am 10. Dezember 1941. [93] Und ein Jahr später lassen sie verlauten: „Ein Sieg über den Bolschewismus wäre gleichbedeutend mit dem Triumph der Lehren Jesu über die der Ungläubigen." [94] Womit sie die friedvolle Lehre des Pazifisten Jesus einmal mehr in ihr genaues Gegenteil verkehrt haben.

Der Bischof von Eichstätt, Michael Rackl, schrieb gar in einem Hirtenbrief Ende September 1941, dieser Krieg sei „wirklich ein Kreuzzug, ein heiliger Krieg für Heimat und Volk, für Glauben und Kirche, für Christus und sein hochheiliges Kreuz". [95] Doch diese Ungeheuerlichkeit ist kein Einzelfall – war es doch in allen Kriegen so, dass die Kirchen und ihre Feldgeistlichen, die katholischen wie die lutherischen, nichts dabei fanden, die Soldaten zu beiden Seiten der Front gegeneinander in den Tod zu hetzen, jeweils mit dem Hinweis, dies sei Gottes Wille.

Soldaten als „Blutspender" für den „neuen Kreuzzug"

Und die römisch-katholischen Bischöfe waren es auch, die bis zum Schluss, als das katastrophale

Ende des Krieges bereits mit Händen zu greifen war, die Soldaten noch zum Durchhalten aufforderten. „Noch 1944", so Karlheinz Deschner, „... predigt der Bamberger Erzbischof Kolb, nach dem die Stadt dankbar eine Straße nennt: ‚Wenn Armeen von Soldaten kämpfen, dann muss eine Armee von Betern hinter der Front stehen' ...

Noch am 22. Januar 1945 eifert auch der Bischof von Würzburg seine Diözesanen an: ‚Stellt euch aber auch auf Seiten der staatlichen Ordnung! ... Im Geiste des heiligen Bruno darf ich euch zurufen: Erfüllet gerade in Notzeiten eure Pflichten gegen das Vaterland! Denkt an die Mahnung des heiligen Paulus: »Jedermann unterwerfe sich der obrigkeitlichen Gewalt.« ... Nehmet alle Heimsuchungen auf euch, Gott zulieb! Diese Opfer werden dann Sprossen in eurer Himmelsleiter. Im Opfer wirket ihr euer Heil!'" [96]

Noch im Januar 1945! Und dieser Würzburger Bischof Matthias Ehrenfried wird bis heute von kirchlichen Kreisen in Würzburg als eine Art Widerstandskämpfer verehrt; nach ihm ist ein katholisches Bildungshaus benannt. Auch der sogenannte „heilige Bruno" auf den er sich berief, war ein Würzburger Bischof (1027-1034), und zwar einer, der sehr gerne und häufig Krieg führte.

Nur dass eben dieser „Geist des heiligen Bruno" zwar ganz klar den Ungeist und das Machtstreben seiner Kirche ausdrückte, jedoch nichts mit dem friedvollen Geist des Christus zu tun hat, der sagte: „Stecke dein Schwert in die Scheide! Wer zum Schwert greift, wird durch das Schwert umkommen!"

Und der von Papst Ratzinger im Jahr 2005 selig gesprochene Clemens August Kardinal von Galen aus Münster beschwor die deutschen Soldaten: „Sie wollen Blutspender sein, auf dass das an Altersschwäche und anderen Übeln erkrankte Volk wieder jugendlich gesunde und aufblühe. Sie wollten in einen neuen Kreuzzug mit dem Feldgeschrei ‚Gott will es' den Bolschewismus niederringen, wie es vor wenigen Jahren der spanische Befreier Franco in einer Rede zu Sevilla mit christlicher Zielsetzung rühmte." [97)] Was Papst Pius XII. nicht hinderte, von Galen 1946 die Kardinalswürde zu verleihen – wegen seiner Kritik an der Euthanasie-Politik der Nationalsozialisten. Alles andere wird bis heute ausgeblendet.

Solche vereinzelten Lichtblicke kirchlicher Würdenträger wie Galens einsamer Protest gegen die Euthanasie – die anderen Bischöfe protestierten nicht – ändern jedoch nichts an dem abgrundtiefen Gegensatz zwischen Jesus von Nazareth und der Politik der Kirche und der Päpste durch die Jahrhunderte. Dieser schroffe Gegensatz bleibt auch bestehen, wenn zwischendurch, je nach Wetterlage und strategischen Erfordernissen, in genau kalkulierter Weise wieder ganz andere Töne angestimmt werden. Papst Pacelli war hier meist einen Schritt voraus. So sprach er in seiner Weihnachtsbotschaft 1944, als der Sieg der Alliierten absehbar war, plötzlich von den „Grundlehren über die wahre Demokratie". [98]

Zwei Jahre zuvor hatte der Papst noch in martialischem Ton ausgerufen: „Ihr freiwilligen Kreuzfahrer einer neuen und edlen Gesellschaft (!), erhebt die neue Standarte der moralischen und christlichen Erneuerung, erklärt der Finsternis einer sich von Gott lösenden Welt den Krieg ... Durchdrungen von Kreuzfahrergesinnung kommt es den besten und auserwähltesten Gliedern der Christenheit zu, sich zu vereinigen im Geist der Wahrheit, Gerechtigkeit und Liebe zu dem Ruf: Gott will es!, bereit zu dienen, sich zu opfern wie die alten Kreuzfahrer ..." usw. usf. [99]

Konnte, ja musste das nicht jeder Soldat, der tief in der Sowjetunion, wie ihm gesagt wurde, in einem „heiligen Kreuzzug" gegen die „Macht des Bolschewismus" kämpfte und tötete, direkt auf sich beziehen? Und so war es wohl auch gemeint. Erst recht aber musste er es auf sich beziehen, wenn er nicht in Hitlers Armee in der Sowjetunion, sondern z. B. in der kroatisch-katholischen Ustascha-Armee kämpfte.

4.8 Kroatien (1941-43): Grauenhafte Gemetzel im Namen „Gottes und Marias"

Und damit sind wir bei einem der dunkelsten Kapitel in der an moralischen Tiefpunkten, ja Tiefschlägen so reichhaltigen Kirchengeschichte des 20. Jahrhunderts. Denn zwischen 1941 und 1943 entstand auf dem Gebiet des zerschlagenen Königreichs Jugoslawien ein deutsch-italienischer Vasallenstaat: das faschistisch-katholische „Kroatien Gottes und Marias", wie es genannt wurde, in dem sich unter wohlwollender vatikanischer Schirmherrschaft jahrhundertealte religiöse Spannungen und Konflikte mit unvorstellbarer Grausamkeit entluden.

Eugenio Pacelli, der vatikanische Spitzendiplomat mit dem hervorragenden Gedächtnis, hatte in Jugoslawien noch eine Rechnung offen. Obwohl es den Katholiken Mitte der 30er Jahre im multikonfessionellen Königreich Jugoslawien ziemlich gut ging, wollte der Vatikan auch mit diesem Land unbedingt ein Konkordat aushandeln, was aber dann am Widerstand der orthodoxen Kirche scheiterte. Pacelli, der als Kardinal-staatssekretär an der Aushandlung dieses Konkordats maßgeblich beteiligt gewesen war, fühlte sich zutiefst gekränkt und stieß im Dezember 1937 eine bemerkenswerte Drohung aus: „Es kommt der Tag, ... so die Zahl jener nicht gering sein wird, die sehr bedauern werden, ein großmütiges und großherziges gutes Werk ausgeschlagen zu haben, das der Statthalter Christi ihrem Land anbot." Und Karlheinz Deschner kommentiert das wie folgt: „Pacelli wusste offenbar, was er sagte. Seine Drohung war nicht in den Wind gesprochen. 1941 erfüllte sie sich in einem Maß, das die schlimmsten Massaker des christlichen Mittelalters fast übertrifft." [100]

Der Albtraum begann, als deutsche Truppen im April 1941 in Jugoslawien einmarschierten. Das Land wurde aufgeteilt, und in Kroatien wurde ein eigener Staat errichtet, der auch das heutige Bosnien-Herzegowina mit umfasste. Die Herrschaft in diesem Staat übernahm die faschistische Miliz der Ustascha, der „Aufständischen", unter ihrem Anführer Ante Pavelić. Der „Poglavnik", so das kroatische Wort für „Führer", war zu diesem Zeitpunkt bereits ein wegen mehrfachen Mordes gesuchter Verbrecher und Terrorist. Das hinderte aber den Erzbischof von Zagreb, Alojzie Stepinac, nicht daran, von Anfang an engstens mit diesem faschistischen Regime zusammenzuarbeiten. Und das hinderte auch Papst Pius XII. nicht, den kroatischen Faschistenboss bereits Mitte Mai 1941 im Vatikan in besonders feierlicher Privataudienz zu empfangen und ihn mit besonderer Herzlichkeit und mit den „besten Wüschen für die weitere Arbeit" wieder zu entlassen. [101]

Pius wusste Bescheid –
doch der Albtraum ging weiter

„Mit den besten Wüschen für die weitere Arbeit ..." Man muss dazu wissen, dass nur wenige Tage vor dieser Audienz in Rom die Ustascha in der kroatischen Stadt Glina an die 500 orthodoxe Serben ermordet hatte – nicht ohne sie zuvor zwangsweise zum Katholizismus zu „bekehren". Die Massaker in der orthodoxen Kirche von Glina, von denen es im Verlauf des Jahres 1941 noch weitere geben sollte, gehören zu grausamsten, die dokumentiert sind. Und nicht nur das: Ein Gesandter des gerade zerschlagenen Königsreichs Jugoslawien hatte den Papst unter Hinweis auf diese schrecklichen Vorgänge dringend aufgefordert, Pavelić nicht zu empfangen, was dieser aber ignorierte. [102]

*Massen-Zwangs-
bekehrung orthodoxer
Serben in der Kirche
von Glina*

Papst Pius XII. war also immer aufs genaueste über die Vorgänge in Kroatien informiert – so wie der Vatikan meist über die Vorgänge in aller Welt sehr gut informiert ist, besonders, wenn es sich um katholisch geprägte Länder handelt. Doch dieser hervorragende Kenntnisstand war für den römischen Pontifex kein Hinderungsgrund, während der gesamten zwei Jahre, in der dieses albtraumhafte Regime Bestand hatte, dessen Amtsträger immer wieder seiner Wertschätzung zu versichern und ihnen seinen katholischen Segen zu erteilen.

Doch was trieb den Pontifex dazu? Der Religionskonflikt zwischen Katholiken und Orthodoxen auf dem Balkan ist schon viele Jahrhunderte alt. Die Vatikankirche hat es nie akzeptiert, dass die orthodoxe Konfession seit dem Jahr 1054 eigene Wege geht. Und im katholischen Kroatien war im 19. Jahrhundert eine katholisch-nationalistische Bewegung entstanden, deren Führer Ante Starčević die Ansicht vertrat, dass alle orthodoxen Serben verschwinden müssten. Die Serben seien, so wörtlich, „eine Arbeit für den Schlachthof." [103] Und diese Bewegung war nun an der Macht – und setzte ihr „Programm" ohne jedes Zögern in die Tat um.

Mit dieser Bewegung war gleichzeitig auch die katholische Kirche an die Macht gekommen. Ustascha-Bewegung und Kirche ließen sich nicht voneinander trennen, sie bildeten eine unauflösliche Einheit. Jeder Ustascha- Milizionär musste einen Eid des Gehorsams schwören „bei dem allmächtigen Gott und bei allem, was mir heilig ist". Die Ustascha-Kapläne leisteten ihren Schwur vor zwei Kerzen, dem Kruzifix, einem Dolch und einem Revolver. Einer dieser Kapläne, Pater Šimić, erklärte einem entsetzten italienischen Truppenkommandeur im Mai 1941 das Ziel der Ustascha-Politik mit dem kurzen Satz: „Alle Serben in möglichst kurzer Zeit zu töten." [104]

Pistole, Handgranate, Messer und Kruzifix – der passende „Altar" für den Schwur der Ustascha-Kapläne.
Und das passende Titelfoto für Dedijers Buch über Jasenovac

Vierzig Pfund Augen
als Geschenk der „treuen Ustaschen"

Und dies waren keine leeren Worte. Die faschistischen Horden zerstörten in zwei Jahren nicht nur fast sämtliche Kirchen der orthodoxen Serben, die unter ihnen lebten, sie massakrierten auch Hunderttausende von ihnen. Und ungezählte Serben zwang man zuvor noch zum Übertritt zum Katholizismus – nur um ihnen dann zynisch mitzuteilen, man habe nun zwar ihre Seelen gerettet, für ihre Körper treffe das aber leider nicht zu. Und schlachtete sie ab. Statt „Taufe oder Tod" wie im Mittelalter gegenüber „Heiden" und Juden, hieß es nun: „Taufe **und** Tod". Und der Ablauf dieser Schlächtereien war derart grauenhaft, dass sogar deutsche und italienische Truppen, die ja selbst für so manches Massaker auf dem Balkan verantwortlich waren, protestierten und teilweise damit begannen, die serbische Bevölkerung mit Waffengewalt vor dem Blutrausch der katholischen Schlächter zu schützen.

Es ist das Verdienst des jugoslawischen Schriftstellers Vladimir Dedijer und des deutschen Buchautors Karlheinz Deschner, diesen Völkermord mitten im 20. Jahrhundert der kollektiven Vergesslichkeit entrissen zu haben. Dedijer schrieb das Buch *Jasenovac - das jugoslawische Auschwitz und der Vatikan*, und auch

Deschner berichtete mehrfach detailliert über diese Vorgänge, unter anderem in den Büchern *Die Politik der Päpste im 20. Jahrhundert* und *Mit Gott und den Faschisten*. Dort schildert er im Detail einiges von dem, was dokumentiert ist – und wer schwache Nerven hat, sollte die nächsten Passagen besser überspringen:

„Ungezählte serbische Geistliche erlitten grausame Foltern. In Zagreb ... schlug und quälte man den orthodoxen Metropoliten Dositej so bestialisch, dass er davon wahnsinnig wurde." [105]

„Dem 81jährigen Bischof Platov aus Banja Luka beschlug man die Füße wie einem Pferd und zwang ihn, so lang zu gehen, bis er ohnmächtig zusammenbrach. Dann stach man ihm und dem Priester Dušan Subotić, während auf ihrer Brust ein Feuer brannte, die Augen aus, schnitt ihnen Nase und Ohren ab und gab ihnen den Todesstoß." [106]

„Ende April 1941 umzingelten Ustaschen in der Nacht die serbischen Dörfer Gudovec, Tuko, Brestovac und Dolac ... Dann ließen sie den orthodoxen Priester Božin, den Lehrer Ivanković und 250 Bauern, Männer und Frauen, einen Graben ausheben, banden ihnen die Hände auf den Rücken und begruben sie lebendig. ... In Kosinj, wo die Ustaschen sechshundert Serben

zusammengetrieben hatten, musste eine Mutter mit einer Schüssel das Blut ihrer vier Söhne auffangen. In Mlinište ... wurden ein früheres Mitglied des Parlaments ... und sein Sohn gekreuzigt ...

Die Kirche von Glina ... wurde nach einem Bericht des beteiligten Ustascha Hilmia Berberović in einen Schlachthof verwandelt. ‚Das Blutbad dauerte von abends 10 Uhr bis morgens 4 Uhr und ging acht Tage weiter. Die Uniformen der Schlächter mussten gewechselt werden, weil sie vom Blute durchnässt waren. Man findet später aufgespießte Kinder mit noch vor Schmerz gekrümmten Gliedern.' ...

Die Todeslisten sind nahezu endlos ... Dabei kam es zu Grausamkeiten, neben denen die Taten von Hitlers KZ-Schergen beinah verblassen. Die Ustaschen bohrten glühende Nadeln unter die Fingernägel und streuten Salz in offene Wunden. Sie verstümmelten alle möglichen Körperteile. Mit Vorliebe schnitten sie ihren Opfern lebend Nasen und Ohren ab und stachen ihnen die Augen aus. Die Italiener photographierten einen Ustascha, der um seinen Hals zwei Ketten aus menschlichen Zungen und Augen trug.

Der italienische Schriftsteller Curzio Malaparte interviewte Pavelić in Zagreb. ‚Während er sprach', schreibt Malaparte, ,schaute ich auf einen Weidenkorb, der zur Rechten des Poglavnik auf seinem Schreibtisch stand. Der Korb wurde geöffnet und eine Menge Meeresgetier oder dergleichen kam zum Vorschein. »Austern von Dalamatien?« fragte ich. Ante Pavelić hob den Deckel und zeigte mir das Zeug, das aussah wie eine Masse klebriger, gallertartiger Austern. Mit einem müden, freundlichen Lächeln sagte er: »Ein Geschenk meiner treuen Ustaschen. Vierzig Pfund menschliche Augen!« Das war der Mann, den Pius XII. gesegnet hatte'.“ [107]

Ante Pavelić
(1889-1959)

Oft blieben nur ein oder zwei Überlebende übrig, die später von den Details dieser Scheußlichkeiten berichten konnten. Doch es ist wichtig, dass dies alles der Nachwelt nicht vorenthalten wird – nicht nur, um den Opfern Gerechtigkeit widerfahren zu lassen, sondern auch, um zu dokumentieren, zu welch infernalischem Hass auf alles Andersgläubige eine entfesselte Ideologie fähig ist, die sich mit dem angeblichen Segen des Allerhöchsten über alle Regeln der Menschenwürde hinwegsetzt. Denn all dies und noch viel mehr geschah im Namen des katholischen Gottes!

Franziskaner als Massenmörder
in Konzentrationslagern

Und mitten in diese Mordorgien hinein ließ sich Erzbischof Alojzije Stepinac mit allen kroatischen Bischöfen feierlich von Ante Pavelić empfangen und sicherte dem Faschistenboss seine volle Unterstützung zu: „Wir bezeugen von ganzem Herzen Ehrerbietung", sagte der Erzbischof, „und versprechen ergebene und treue Mitarbeit für die strahlendste Zukunft unseres Vaterlandes". [108)]

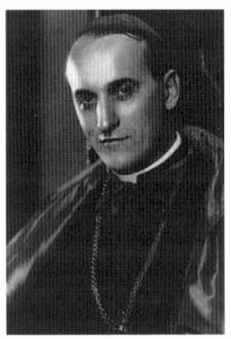

Kardinal Alojzije
Stepinac
(1898-1960)

Wenn schon der oberste kroatische Kirchenmann so dachte und redete – und dies in vollem Einklang mit dem Papst – da konnten die anderen kroatischen Kleriker natürlich nicht zurückstehen. Bereits am ersten Tag ihrer Machtübernahme gaben die Faschisten über Radio bekannt, dass die Bevölkerung auf dem Land von niemand anderem als den Priestern weitere Direktiven erhalten würden. Deschner schreibt über diese enge Zusammenarbeit: „Bischöfe und Priester saßen im Sobor [109)], dem Ustascha-Parlament, das den Heiligen Geist mit dem Gesang ´Veni Creator` anrief, Geistliche dienten als Offiziere in Pavelićs Leibwache, Franziskaner kommandierten in Konzentrationslagern ...". [110)]

Und in der Tat: Der Franziskanerpater Miroslav Filipović-Majstorović war zeitweise der Kommandant des berüchtigten Todeslagers Jasenovac, in dem Zehntausende von Serben, Juden und Roma ermordet wurden. Jasenovac war berüchtigt wegen seiner Massenenthauptungen, und auch dabei taten sich katholische Geistliche besonders hervor. Der Franziskaner-Stipendiat Bržica etwa enthauptete in nur einer Nacht, am 29. August 1942, 1360 Menschen mit einem Spezialmesser. Klöster dienten unter anderem als Waffenlager und Befehlszentralen der Ustascha, und katholische Priester waren die Anführer bei diversen Mordaktionen.

Der Franziskaner Srečko Perić etwa befahl an einem Sonntag von der Kanzel aus den Dorfbewohnern: „Kroatische Brüder, geht und schlachtet alle Serben ab. Zuerst tötet meine Schwester, die mit einem Serben verheiratet ist, und dann der Reihe nach alle Serben. Wenn ihr damit fertig seid, kommt zu mir in die Kirche, damit ich euch die Beichte abnehmen kann und eure Sünden vergeben werden." [111)]

So funktioniert ein katholisches Massaker: Die Gläubigen werden erst zum Töten aufgehetzt, und anschließend können sie alles gleich wieder beichten und erhalten die sofortige Absolution. Das ist wahrhaft katholischer Zynismus in Aktion!

Pius XII. lobt Paveli als „praktizierenden Katholiken"

Der Primas Kroatiens, Erzbischof Stepinac, ließ seine Priester in ihrer Mordlust nicht nur gewähren, er unterstützte das Regime von Beginn an bedingungslos, sprach bereits kurz nach der Machtergreifung in einem Hirtenbrief salbungsvoll von der „Hand Gottes", die „in diesem Werk zu erkennen" sei. Er lobte den Obermörder Pavelić als „ergebenen Katholiken" und ließ sich im Januar 1942 zum offiziellen Militärvikar der faschistischen Ustascha ernennen. Noch 1943, als sich die Niederlage der Faschisten bereits abzeichnete, betonte er ausdrücklich die „Verdienste" der Franziskaner bei der „Bekehrung" von Orthodoxen und beschwor den Papst, sich den Kroaten zuzuwenden, zeige ihr junger Staat, doch „bei jeder Gelegenheit, dass er seinen herrlichen katholischen Traditionen treu zu bleiben wünscht ..." [112]

Und Papst Pius XII.? Der protestierte die ganze Zeit über mit keinem Wort gegen die Mordaktionen, sondern unterstützte das Völkermord-Regime und lobte dessen Führer Pavelić, als, so wörtlich, „praktizierenden Katholiken". [113)]

Auf der „Rattenlinie" in Sicherheit

Und diese Fürsorge ging nach dem Krieg unverändert weiter. Pavelić und mit ihm sage und schreibe weitere rund 1800 kroatische Kriegsverbrecher, darunter 500 katholische Priester (!), fanden in katholischen Klöstern Unterschlupf und gelangten, wie auch viele deutsche Nazis, über die sogenannte „Rattenlinie" nach Spanien und Südamerika.

Die „Beförderten" zeigten sich offenbar erkenntlich. Im Jahr 1997 tauchte im US-amerikanischen Nationalarchiv ein Dokument auf, wonach das kroatische Ustascha-Regime am Ende des Krieges Gold sowie Diamanten und Juwelen im Wert von 350 Millionen Schweizer Franken nach Österreich geschafft habe. Diese Wertsachen waren ermordeten Juden und Serben abgenommen worden. 200 Millionen dieses Blutschatzes seien schließlich im Vatikan gelandet.

Und da hätte sich seine Spur wohl auch wieder verloren, denn der Vatikan dementierte natürlich alles – wenn nicht 2008 der kroatische Waffenhändler Ferdinand Jukić ausgeplaudert hätte, dass während des Balkankrieges zu Beginn der 90er Jahre der Zagreber Kardinal Kuharić dem damaligen Staatspräsidenten Franjo Tuđman eine größere Ladung Diamanten übergeben habe. Die Edelsteine waren offenbar dazu bestimmt, dem kroatischen Staat bei der Abwicklung illegaler Waffengeschäfte zu dienen – denn gegen ganz Ex-Jugoslawien war während des Bürgerkriegs ein Waffenembargo verhängt worden. Jukić fand jedoch heraus, dass die Diamanten von ermordeten Juden stammten und ließ die Finger davon. Die Diamanten, offenbar ein Teil der alten Ustascha-Beute, dienten dann dennoch zur Abwicklung von Waffenkäufen, wobei allerdings zumindest ein Teil des Erlöses für die Edelsteine am Ende auf dunklen Kanälen doch wieder bei der Kirche gelandet sein soll. [114]

Geldwäsche? Diebstahl? Waffenhandel? Oder alles zusammen? Der bis zur Stunde nicht wirklich aufgeklärte Kriminalfall deutet jedenfalls darauf hin, dass die trickreiche Schläue mancher Kirchenvertreter sich durchaus mit derjenigen einschlägiger mafiöser Kreise messen kann ...

Pavelić selbst war nach dem Krieg drei Jahre lang, als Pater verkleidet, in einem römischen Kloster untergekommen, das wie zahlreiche römische Gebäude unter dem Schutz der „Exterritorialität" des Vatikansstaates stand. Auf dem Umweg über Argentinien gelangte er schließlich nach Spanien und starb 1959 in Madrid mit einem Rosenkranz in der Hand, den er von Papst Pius XII. persönlich erhalten hatte. Ein Jahr später starb, dank der „Rattenlinie" ebenfalls friedlich in Madrid, der „Mörderbischof" (so Karlheinz Deschner) von Sarajevo, Ivan Šarić, der es im Juni 1941 öffentlich als „dumm" bezeichnet hatte, „zu denken, der Kampf gegen das Übel könnte edel mit Handschuhen ausgetragen werden". Nein, so ließ der Erzbischof in seiner Bistumszeitung schreiben:

„Bis jetzt sprach Gott durch die päpstlichen Enzykliken. Aber man verschloss die Ohren ... Nun beschloss Gott (!), andere Methoden anzuwenden. Er will Missionen vorbereiten. Europa-Missionen. Welt-Missionen. Nicht Priester werden sie stützen, sondern Armeekommandanten. Die Predigten wird man hören mit Hilfe von Kanonen, Maschinengewehren, Panzern und Bomben." [115]

Und auch um seinen Primas Stepinac kümmerte sich Pius XII. persönlich. Dieser wurde nach dem Krieg zwar von den Behörden Jugoslawiens vor Gericht gestellt, mit detaillierten Zeugenaussagen der Beihilfe zum Massenmord überführt und zu 16 Jahren

Zwangsarbeit verurteilt. Pius XII. jedoch ernannte ihn daraufhin 1953 demonstrativ zum Kardinal, stellte ihn als Märtyrer hin und rühmte vor aller Welt seine, so wörtlich, „großen Verdienste".

Papst-Gebet am Grab des Faschistenfreundes

Und aufgrund dieser „großen Verdienste", die hier aus Platzgründen nur ansatzweise geschildert werden konnten, wurde derselbe Alojzije Stepinac, der Kollaborateur einer blutrünstigen faschistischen Mörderbande, 1998 von Papst Johannes Paul II. sogar noch selig gesprochen. Und Papst Joseph Ratzinger ließ es sich nicht nehmen, anlässlich seines Besuchs in Kroatien im Juni 2011 am Grab dieses Faschistenfreundes öffentlich und innig zu beten und ihn einen „Verteidiger des wahren Humanismus" zu nennen.

Lässt sich die Missachtung der in Kroatien unter Missbrauch des Namens Christi geschehenen Gräueltaten und deren unzähliger Opfer anders als mit völliger Kaltherzigkeit erklären? Kann man einen solchen Zynismus noch überbieten?

Und dann will dieser Papst Joseph Ratzinger seinen Vorgänger Pius XII. auch noch selig sprechen, also den Papst, der nicht nur zum Völker-

mord der Nazis an den Juden schwieg, sondern auch zum katholischen Völkermord an den orthodoxen Serben. Den Papst, der die Verantwortlichen für diese grausigen Schlachtfeste in den höchsten Tönen lobte. Und der damit schon wieder den Grundstein legte für den nächsten blutigen Religionskrieg, der dann in den 90er Jahren auf dem Balkan losbrach.

Eines steht fest: Die Entschuldigung, oder besser gesagt: der Entschuldigungsversuch, den kirchliche Historiker meist für das Schweigen des Pacelli-Papstes zum Holocaust anführen, dass er nämlich Angst um das Wohlergehen der Katholiken vor allem in Deutschland gehabt habe, dieses Argument ist nicht nur für sich genommen schon äußerst fragwürdig. Im Fall Kroatiens läuft es vollends ins Leere. Die US-amerikanische Journalistin und Buchautorin Julia Gorin, selbst aus einer jüdischen Familie stammend, schreibt in der *Jerusalem Post*:

„Es sind nicht die Juden, denen die Kirche die größte Entschuldigung wegen des Zweiten Weltkriegs schuldig ist, sondern es sind die Serben. Wenn Pius tatsächlich hoffte, eine Gefahr für Millionen von Katholiken dadurch zu vermeiden, dass er nichts über die europäischen Juden sagte – was könnte dann der Grund dafür gewesen sein, nichts über Kroatien zu

sagen ...? Und worin hätte die Gefahr für die Gläubigen innerhalb des katholischen Kroatien bestanden?" [116)]

Selig ist, wer dem Vatikan nützt

Wir sehen, dass eine Seligsprechung im katholischen Sinne nichts, aber rein gar nichts mit besonderen Charakterstärken oder gar einem christlichen Lebenswandel eines Menschen zu tun hat, sondern immer nur mit „Verdiensten" um die strategischen Ziele der Vatikankirche – und allenfalls noch mit dem vielen Geld, das die Anhänger des Seliggesprochenen für die Seligsprechung bereit sind zu bezahlen, eine Summe im sechsstelligen Bereich. Wer diese Ziele der vatikanischen Machtpolitik fördert, indem er z. B. die Orthodoxie auf dem Balkan oder in Russland zurückdrängt, der hat sich aus Sicht der Kirche das Etikett „selig" verdient.

Und in diesem Sinne ist es dann wiederum sogar folgerichtig, dass gerade Pius XII. selig gesprochen werden soll. Karlheinz Deschner erkannte dies bereits im Jahr 1965, denn er beendete sein Buch *Mit Gott und den Faschisten* mit dem bereits zitierten Satz:

„Erwägt man das Verhalten Eugenio Pacellis zu Politik von Mussolini, Franco, Hitler und Pavelić, so

scheint es kaum eine Übertreibung, zu sagen: Pius XII. ist wahrscheinlich mehr belastet als jeder andere Papst seit Jahrhunderten. Mittelbar und unmittelbar ist er so offensichtlich in die ungeheuersten Gräuel der faschistischen Ära und damit der Geschichte überhaupt verstrickt, dass es bei der Taktik der römischen Kirche nicht verwunderlich wäre, spräche man ihn heilig.“ [117]

An dieser Stelle sollten sich auch einmal die deutschen Politiker fragen: Wie lange noch wollen sie einem Papsttum den Rücken stärken, das nur durch Verbrechen zu dem wurde, was es heute ist? Wie lange noch wollen sie den beiden kirchlichen Institutionen mit jährlich mehr als 15 Milliarden Euro an Subventionen und Steuerbefreiungen aus dem allgemeinen Steuertopf unter die goldbehangenen Arme greifen – diesen Institutionen, deren Grundaussagen in ihren Dogmen und Lehrsätzen der Verfassung zuwiderlaufen, weil sie den freien Willen des Menschen leugnen und die Drohbotschaft einer ewigen Verdammnis lehren? Wie lange noch wollen die Politiker die deutsche Verfassung ignorieren, die von ihnen seit mehr als 90 Jahren verlangt, endlich eine saubere Trennung von Staat und Kirche herbei zu führen und diesen uferlosen Staatsleistungen für die Kleriker ein Ende zu machen? Und wie lange noch wollen deutsche Politiker am Hitlerkonkordat von 1933 festhalten, das bis heute in Kraft ist? Ist das nicht eine Schande für das deutsche Volk?

KAPITEL 5

Das Schweigen zum Holocaust

„Wer schweigt, macht sich schuldig," lautet ein bekanntes Sprichwort. Wenn man den Namen Pius XII. irgendwo erwähnt, so kommt meist sogleich die Aussage: „Ach ja, das ist doch der Papst, der zum Holocaust geschwiegen hat." So richtig diese Aussage auch ist, so falsch wäre es, das Leben von Eugenio Pacelli alias Pius XII. auf diesen einen Aspekt zu beschränken.

„Wie man Seliger wird"

Als Papst Joseph Ratzinger im September 2011 nach Deutschland kam, schrieb der mehrfach preisgekrönte Autor Karlheinz Deschner einen Artikel in der *Frankfurter Rundschau* mit der Überschrift „Wie man Seliger wird" (21.9.2011). „Mit Benedikt XVI. kommt jener Papst nach Deutschland, der den Faschistenkomplizen Pius XII. selig sprechen will", so beginnt Deschner seinen Artikel. Er erwähnt dann zunächst das Konkordat, das Pacelli als Kardinalstaatssekretär 1933 mit dem Diktator Adolf Hitler ausgehandelt hatte, *„ein ‚unbeschreiblicher Erfolg' für Hitler, verschaffte es ihm doch vor aller Welt Legalität. Pacelli* *hatte Hitler den Weg gebahnt, indem er die mit rheinischen Großindustriellen verbundene Zentrums-Partei, das politische Instrument der Kurie in Deutschland, ,mehr nach rechts' sich orientieren, ,eine Regierung der Rechten' bilden hieß. Verfechter eines autoritären Staates und einer autoritären Kirche, hatte er Hitler schließlich ... auch entscheidend mit zur Macht verholfen."*

Obwohl er zwei ganze Zeitungsseiten zur Verfügung hat, muss Deschner dieses überaus dramatische und folgenschwere Kapitel der deutschen Geschichte im Telegrammstil abhandeln – weil es gegen Pius einfach so viel Belastungsmaterial gibt.

„Kurz darauf unterstützte Pacelli, nun einflussreicher Kardinalstaatssekretär Pius XI., Mussolinis abessinische Expansion, jenen traurig schmutzigen Triumph über ein hoffnungslos unterlegenes Volk mittels der Segnungen auch einer vatikanischen Munitionsfabrik, mittels Bombenflugzeugen, Madonnenbildern, Giftgas und Flammenwerfern, während er dies alles zugleich durch die Bischöfe Italiens als heilig, als Kreuzzug, Evangelisation und große zivilisatorische Wohltat an den äthiopischen ,Barbaren' propagieren ließ. Und weiter gleich, Schlag auf Schlag, ein noch grandioseres, noch gnadenreicheres, 600.000 Spaniern das Le-

ben kostendes Gemetzel, der Bürgerkrieg, global in eine ‚rote Weltrevolution' umgelogen (unter 473 spanischen Parlamentsabgeordneten saßen 15 Kommunisten). Ein gar frommes Schlachten somit wieder, in dem Staatssekretär Pacelli die ‚sehr edlen christlichen Gefühle' Francos feierte, eines Rebellen, der sich selbst ‚Kämpfer Christi' und ‚Werkzeug der Vorsehung` nannte und noch nach dem Krieg, laut Schätzungen des italienischen Außenministers Graf Ciano, täglich in Sevilla 80, in Barcelona 150, in Madrid 200 bis 250 Gefangene hinrichten, der allein in den ersten Jahren nach Ende des Bürgerkrieges bis zum Frühjahr 1942, da er auf Wunsch Pius XII. begann, ‚die alten christlichen Traditionen' wieder aufzunehmen, mehr als 200.000 Menschen erschießen ließ."

Karlheinz Deschner berichtet weiter, dass Papst Pius XII. weder gegen die Zerschlagung der Tschechoslowakei protestierte noch gegen die kriegerischen Überfälle der deutschen Wehrmacht auf Polen und die Sowjetunion. Und er fährt dann fort:

„ ... ja, mitten im großen Krieg verlockte ihn jetzt die Vernichtung des Kommunismus, verlockte die Katholisierung des Balkans, wo die Pavelić-Ustascha bereits kaum ausdenkbar blutrünstig missioniert hatte, verlockte die Unterwerfung der Russisch-Orthodoxen

Kirche. So war der Papst voller `Bewunderung großer Eigenschaften des Führers' und wünschte, wie er gleich durch zwei Nuntien (in Vichy und in Madrid) zum Ausdruck brachte, ´dem Führer nichts sehnlicher als einen Sieg'."

„Kirchenpolitische Interessen und Rücksichten"

Zum Massenmord an der jüdischen Bevölkerung schreibt Karlheinz Deschner in diesem langen Artikel nur einen einzigen Satz. Pius protestierte, so Deschner, „ ... nicht einmal – vor allem wohl infolge oft deklarierter kirchenpolitischer Interessen und Rücksichten – gegen die Verfolgung der Juden, ihre, bald schon europaweite, Massenvernichtung."

„Kirchenpolitische Interessen und Rücksichten" ... die werden in der Tat immer wieder angeführt, um das Verhalten Pacellis zu erklären. Warum hat er zum Holocaust geschwiegen? Sicher nicht, weil er die Weltanschauung Adolf Hitlers bewundert hätte. Für einen Papst in Rom kann es nun mal außer seiner eigenen vatikanisch-katholischen Weltanschauung nichts geben, was er bewundert. Er schwieg wohl auch nicht, weil er in besonderem Maße antisemitisch oder antijüdisch eingestellt gewesen wäre – jedenfalls nicht mehr, als es damals innerhalb der Kirche üblich war.

Nein, er schwieg aus „kirchenpolitischen Interessen und Rücksichten" – und die waren ihm offensichtlich wichtiger als das Leben von Millionen Menschen, von denen er wusste, dass sie in unmittelbarer Lebensgefahr schwebten. Denn der Vatikan war, wie immer, frühzeitig und genau darüber informiert, was sich in Mittel- und Osteuropa mit den Juden abspielte.

Doch woraus bestanden nun diese „kirchenpolitischen Interessen und Rücksichten", die Pius solange zaudern und zögern ließen, bis kaum noch jemand zu retten war? Im Grunde waren es kaltherzige strategische Erwägungen, die den Vatikan bereits zwei Jahrzehnte zuvor in mehr oder weniger offene Bündnisse mit sämtlichen faschistischen Diktatoren Europas hineingeführt hatten. Denn der Faschismus in all seinen Spielarten war für die Kirche ein Gegengewicht gegen den sowjetischen Bolschewismus, aber auch gegen Sozialismus und Liberalismus in all seinen Variationen – worin der Vatikan den „Antichristen" am Werk sah. Die römische Kirche hielt sich in ihrer Geschichte schließlich immer auf Seiten der Mächtigen und Reichen – und sie hat ja selbst auch ein gewaltiges Vermögen zu verlieren. Und genau deshalb vermied es Pius XII. buchstäblich bis zuletzt, sich in irgendeiner Weise gegen Hitler zu stellen. Erst als alles vorbei war, als Deutschland besiegt war und Hitler Selbstmord begangen hatte, schwenkte der Papst um und erklärte in einer Ansprache, es sei eine „gute Tat" gewesen, den „satanischen Nazismus" zu vernichten. [118]

Natürlich passt diese bittere Wahrheit über die zutiefst menschenverachtende strategische Partnerschaft zwischen Vatikan und Faschismus nicht zu einer Seligsprechung, wie man sie sich im Katholizismus des beginnenden 21. Jahrhundert vorstellt. Deshalb serviert uns die katholische Geschichtsschreibung seit vielen Jahren in Dutzenden von Büchern und Filmen eine etwas andere Version: Pacelli habe geschwiegen, um schlimmeres Unheil zu verhindern, heißt es da. Wobei dann immer noch die Frage wäre, was es denn Schlimmeres geben kann als den Mord an ca. sechs Millionen Menschen wegen ihrer Abstammung.

Die Geschichte vom Protest, der im Feuer landet

Aber bleiben wir einmal bei dieser Version der Geschehnisse. Sie wird meist festgemacht an einer einzigen Aussage. Schwester Josephina Lehnert, die bayerische Haushälterin Pacellis, die sich später „Pascalina" nennt, erzählt, Pius habe im Juli 1942 einen öffentlichen Protest vorbereitet, und zwar gegen die Deportation der Juden in den Niederlanden. Zuvor hatten unter anderem die katholischen Bischöfe der Niederlande gegen den Abtransport der Juden protestiert. Als Pius aber erfahren habe, dass die deutschen Besatzer als Reaktion auf diese Proteste auch diejenigen Juden mit abtransportierten, die katholisch getauft waren, habe er seinen Protest sogleich ins Feuer geworfen.

Sehen wir einmal davon ab, dass die Haushälterin Pascalina die einzige „Zeugin" dieser Szene war, der Wahrheitsgehalt dieser Geschichte also ausschließlich an ihr hängt. Doch selbst wenn die Haushälterin hier die Wahrheit gesagt hat: Was soll daran heroisch oder „selig" sein, wenn jemand darüber nachdenkt, sein Missfallen gegenüber der Abschlachtung von Millionen Menschen zum Ausdruck zu bringen und dann doch lieber schweigt? Könnte man dann nicht genausogut alle Katholiken, die in verantwortlicher Position zu Verbrechen geschwiegen haben, zu Kandidaten einer Seligsprechung machen? Denn ihnen allen müsste zugute gehalten werden, dass sie gleich dem Papst nur den Mund gehalten haben, um angeblich die Täter nicht zu weiteren Taten zu provozieren.

Nachweisbar falsch an der ganzen Geschichte ist zunächst einmal, dass dabei die Zahl von 40.000 Menschen ins Spiel gebracht wird, welche angeblich auf die Proteste in den Niederlanden hin zusätzlich ermordet worden sein sollen. In Wahrheit waren es 114. Doch bleiben wir zunächst noch bei der Frage: Kann es wirklich sein, dass Pius XII. nur deshalb schwieg, weil er die Sorge hatte, die Katholiken in Deutschland könnten im Falle seines Protestes von einer zornigen Reaktion des Nazi-Regimes getroffen werden?

Ein fadenscheiniges Argument

Dagegen spricht zum Beispiel die Tatsache, dass die Nationalsozialisten in Deutschland längst damit begonnen hatten, ausnahmslos alle Juden, auch die katholisch oder evangelisch getauften, in die Gaskammern zu deportieren. Denn entscheidend war für die Nazis nicht der Glaube, sondern die Abstammung. Und das war schon lange vor 1942 bekannt. Es waren also ohnehin schon Tausende von getauften Katholiken deportiert, vergast und verbrannt worden, während der Papst weiter schwieg. Und parallel dazu wurden diese Kirchenmitglieder aufgrund ihrer jüdischen Abstammung meist in ihren jeweiligen Kirchengemeinden ausgegrenzt und teilweise ausgeschlossen, übrigens von beiden Konfessionen. Dass die Nazis früher oder später auch in den Niederlanden genauso vorgehen würden, war also nur eine Frage der Zeit.

Eines der katholischen Holocaust-Opfer war die zum Katholizismus übergetretene Jüdin Edith Stein, eine Nonne, die 1942 in Auschwitz ermordet und 1998 heiliggesprochen wurde. Die Kirche reklamiert also Edith Stein als „ihr" Opfer – doch sie wurde ins Gas geschickt, weil sie jüdischer Abstammung und nicht, weil sie Katholikin war. Diese Heiligsprechung hat auch deshalb einen zynischen Beigeschmack, weil Edith Stein schon 1933 in einem Brief Papst Pius XI. anflehte, mit einer Enzyklika gegen die Judenverfolgung der Nazis zu protestierten. Auch der spätere Pius XII. kannte diesen Brief, denn er legte ihn dem damaligen Papst vor. Edith Stein hat nie eine Antwort erhalten.

Gegen die These von der „Sorge" des Papstes um die deutschen Katholiken spricht weiter, dass die Vatikankirche in anderen Fällen, wie oben dargelegt, keinerlei Skrupel hatte, ihre eigenen Gläubigen in höchste Gefahr zu bringen, wenn sie bestimmte strategische Absichten verfolgte – etwa, als sie zu Beginn des Spanischen Bürgerkriegs für die faschistische Seite General Francos Partei ergriff und dabei in Kauf nahm, dass Tausende von Priestern und Nonnen umgebracht wurden. Oder denken wir an das katholische Polen, wo im Zweiten Weltkrieg durch die deutschen Besatzer Tausende von Akademikern, Offizieren und Priestern umgebracht wurden, ohne dass der Vatikan auch nur ein Wörtchen des Protestes erhoben hätte. Weshalb sollte der Papst jetzt so um das Wohl der deutschen Katholiken besorgt sein, die er erst zehn Jahre zuvor durch seine eigenen strategischen Winkelzüge mit in die Hände Hitlers manövriert hatte?

Es ist natürlich nicht auszuschließen, dass Eugenio Pacelli mitunter tatsächlich Gedanken der Sorge hatte. Man kann ja in seinen Kopf nicht hineinblicken. Und sehr wahrscheinlich hatte er, je länger der Krieg dauerte und je näher die Front und auch die deutsche Besatzung an den Vatikan heranrückten, auch schlichtweg Angst davor, das Deutsche Reich zu brüskieren. Bezeichnenderweise erhob der Papst z.B. erst dann seine Stimme gegen Bombenangriffe auf große Städte, als es um Rom ging und die Bomben schon in Hörweite seiner Schlafgemächer einschlugen. Zuvor war das für ihn offenbar kein Thema gewesen.

Doch im Juli 1942, als die von der Haushälterin geschilderte Szene gespielt haben soll, gab es in Rom weder deutsche Besatzungstruppen noch Bombenangriffe. Und Pacelli war ein versierter Spitzendiplomat, der ganz genau wusste, dass es ein erheblicher Unterschied war, ob katholische Bischöfe in den Niederlanden gegen die deutsche Besatzungsmacht protestierten, oder ob der Papst den Millionen von Katholiken in Hitlers eigenem Land etwas zu sagen gehabt hätte.

Was Protest bewirken konnte

Dass durch Protest bei den Nationalsozialisten aber durchaus etwas bewegt werden konnte, das zeigt beispielhaft der Streit um die Kruzifixe in bayerischen Schulen im Jahr 1941. Nach stürmischen Protesten mussten die Behörden ihren Plan zurücknehmen, die Kreuze aus einigen bayerischen Schulen zu entfernen. Da suchten z. B. 120 empörte Frauen das Landratsamt in Bad Kissingen auf und kündigten an, ihre im Krieg kämpfenden Männer und Söhne zum Widerstand aufzurufen, denn ihr „Vertrauen zum Führer" sei erschüttert. [119)] Die örtlichen Machthaber waren offenbar durchaus beeindruckt. Durch diesen spontanen Protest kam niemand zu Schaden, es wurde niemand verhaftet oder bestraft, und er hatte außerdem noch aus kirchlicher Sicht Erfolg.

Einen ähnlichen Erfolg feierten die deutschen Protestanten schon 1934, als ihr bayerischer Landesbischof Hans Meiser durch die Reichskirche kurzfristig abgesetzt worden war. Nach einer Protestdemonstration in München wurde Meiser sogar von Hitler persönlich empfangen und vom „Führer" wieder ohne Wenn und Aber in sein Amt eingesetzt.

Was also wäre geschehen, wenn ein Protest gegen die Massenmorde durch ganz Deutschland gegangen wäre, und zwar nicht spontan, sondern von höchster katholischer Stelle angeregt? Hätte das wirklich nichts bewirken können? Millionen von katholischen Soldaten standen an der Front. Wären sie nicht verunsichert gewesen? Oder hätten die Machthaber sich gar an den katholischen Frontsoldaten im Dienst des Führers gerächt? Wohl kaum.

Doch das sind nur theoretische Gedankenspiele. Denn im Fall der Kruzifixe ging es um das Eingemachte der katholischen Kirche: Es ging um die kirchliche Macht über die Erziehung der Kinder. Da musste reagiert werden. Im anderen Fall hingegen ging es um das Leben von Millionen Menschen, die wegen ihres nicht-katholischen Glaubens – der sie nach katholischer Lehre ohnehin bald in die ewige Hölle bringen würde – und wegen ihrer Abstammung verfolgt wurden. Da ließ man als Papst besser die Finger davon.

Die Entmündigung des politischen Katholizismus durch den Papst

Und weshalb ließ der Papst die Finger davon? Vielleicht auch deshalb, weil ihm schon die bloße Möglichkeit eines politischen Protestes der katholischen Gläubigen im Grunde zutiefst zuwider war. Die Aktionen der Frauen in Bad Kissingen und anderswo zeigen ja, dass es hier noch immer ein Potenzial in Deutschland gegeben hätte. Doch Pacelli hatte, wie wir gesehen haben, bereits in seiner Zeit als Nuntius in München und Berlin in den 20er Jahren dieses Potenzial keineswegs unterstützt, im Gegenteil: Er hatte die katholischen Parteien, vor allem das Zentrum, immer wieder zu gängeln versucht und ihnen eine Koalition mit den Rechtsparteien nahegelegt. Und als Hitler 1933 an die Macht kam, hatte der damalige Kardinalstaatssekretär Pacelli die eigene Partei, das katholische Zentrum, so in der Luft hängen lassen, dass ihr gar nichts anderes übrig blieb, als sich selbst aufzulösen. Das Konkordat mit Hitler war dem Kirchenfürsten Pacelli wichtiger gewesen als der aktive politische Katholizismus in Deutschland, der in der Weimarer Zeit, wäre der Vatikan ihm nicht in den Rücken gefallen, gemeinsam mit den Sozialdemokraten womöglich die Machtergreifung Hitlers hätte verhindern können.

Doch Papst Pacelli hatte anders entschieden. Und das war kein Zufall. Dahinter stand seine Auffassung von Kirche: Da gibt es den Papst, dann die Bischöfe, dann die Priester. Dann kommt lange nichts, und dann kommt erst das Volk. Das Volk, das andächtig auf das zu lauschen hat, was die Kircheoberen ihnen zu sagen haben, und das gehorcht, und zwar bei Androhung der ewigen Verdammnis. Die Eigenverantwortung katholischer Gläubiger, die eigene Ideen entwickeln, die eigene Entscheidungen treffen – das alles war schon dem Kurienkardinal Pacelli so fremd, dass er auch später als Papst nicht im Traum daran dachte, dieses Potenzial in irgendeiner Weise zu nützen.

Statt dessen gab er lieber diplomatisch verklausulierte und geschraubte Erklärungen von sich, aus denen dann heute seine Verteidiger an manchen Stellen in einer Art Kaffeesatzleserei den Hauch eines Protestes herauszulesen versuchen. Doch vergebens: Weder die Nationalsozialisten als Täter noch die Juden als Opfer hat Pacelli jemals klar benannt. Und den politischen Katholizismus, der auf diese Untaten hätte reagieren können, den hatte er bereits Jahre zuvor den absolutistischen Machtansprüchen seiner Kirche geopfert.

Vielleicht ist genau das einer der Hauptgründe, weshalb Papst Ratzinger seinen Vorgänger Pacelli unbedingt selig sprechen möchte: Weil er nämlich selber eine ähnlich mittelalterliche Auffassung von Kirche vertritt und katholische Laien wie auch unbotmäßige progressive Theologen ähnlich herablassend zu behandeln pflegt, wie fast alle seine Vorgänger es taten.

Der britische Buchautor John Cornwell bringt es auf den Punkt: „Pacellis Schweigen angesichts der Ungeheuerlichkeit des Holocaust bedeutete nicht nur ein persönliches Versagen, sondern ein Versagen des Papsttums als Institution und der von ihm geprägten Kultur des Katholizismus. ... Es war ein Grundzug von Pacellis Ideologie der päpstlichen Macht, dass Katholiken ihr soziales und politisches Denken einer Instanz ´überantworten` sollten, dass sie ihre Verantwortung als Katholiken für das, was auf der Welt geschah, aufgeben und nach oben blicken sollten zum Heiligen Vater ...“ [120]

Oder, wie es der deutsche Germanist Walter Jens im Jahr 1999 bei der Besprechung des eben zitierten Buches von Cornwell auf den Punkt brachte: „Jesus, der Jude mit dem gelben Fleck auf dem zerschlissenen Rock: zur Seite geschoben beim Aufbau unumschränkter römischer Macht.“ [121]

Pius, der „Judenretter"?

Der Versuch, Pacellis Schweigen zum Holocaust damit zu erklären, er habe damit ja nur Schlimmeres verhindern wollen, ist also nichts anderes als eine billige Ausrede. Und nicht nur das: Dieser Versuch, das Schweigen des Papstes als ethisch wertvoll darzustellen, ist gleichzeitig eine Abwertung, ja eine Verhöhnung all der mutigen Menschen, die auch in scheinbar aussichtsloser Lage versucht haben, einem verbrecherischen Regime die Stirn zu bieten – und die dann unter Lebensgefahr tatsächlich so manches Menschenleben gerettet haben. Wenn Pacelli tatsächlich ein reines Gewissen gehabt hätte – weshalb hat er es dann auch nach dem Krieg bis zu seinem Tode vermieden, zum Holocaust Stellung zu beziehen?

Doch die katholische Geschichtsschreibung ist erfinderisch. Nachdem man das Schweigen von Pius zum Holocaust insgesamt nicht mehr leugnen kann, versucht man ihn nun zum stillen Retter zumindest einiger Tausend römischer Juden zu stilisieren. Wahr daran ist, dass tatsächlich zahlreiche Juden, die der Razzia der SS im Oktober 1943 entgangen waren, später in Kirchen und Klöstern bis zum nahen Kriegsende Unterschlupf fanden. Doch war das nicht ohnehin ein schlichtes Gebot der Menschlichkeit, zumal wenn man sich Christ nennt?

Und was war dem vorausgegangen? Die Vorgänge im Rom des Oktober 1943 sind trotz aller Beschönigungsversuche wiederum alles andere als ein Ruhmesblatt für Eugenio Pacelli. Denn anders, als es heute oft dargestellt wird, auch in von der katholischen Kirche mitfinanzierten Fernsehfilmen, hat der Papst keineswegs durch seine Intervention weitere Deportationen gestoppt. Es waren vielmehr schlichtweg keine weiteren mehr vorgesehen. [122] Und zu der einen und entscheidenden Deportation nach Auschwitz, die praktisch vor seiner Haustüre geschah und sich über mehrere Tage hinzog – Zeit für Reaktionen hätte es also genügend gegeben – schwieg Pacelli ebenso wie zum Holocaust insgesamt.

Doch Eugenio Pacelli war mit Sicherheit nicht dumm, und er wusste zu diesem Zeitpunkt natürlich, dass die Deutschen den Krieg nicht mehr gewinnen konnten. War das mit ein Grund dafür, dass der Papst am Ende dann doch noch ein gewisses kalkuliertes Risiko einging und die Klöster für flüchtende Juden öffnen ließ? Denn der Vatikan dachte natürlich auch über das Kriegsende hinaus. Oder überkam Pacelli tatsächlich ein schlechtes Gewissen, weil er nicht schon zuvor etwas unternommen hatte? Hatte er durch die Deportation der Juden vor seiner Haustüre eine Art „Damaskus-Erlebnis" und änderte doch noch sein Verhalten, wie es der Theologe Klaus Kühlwein darstellt? [123)] Schwer zu sagen. Sicher ist nur, dass diese Rettungsaktion in letzter Minute nur ein Tropfen auf dem heißen Stein war im Vergleich zu dem, was ein klares Wort des Oberhaupts vor mehreren hundert Millionen Katholiken zur rechten Zeit hätte bewirken können.

Die Schuld der Kirche am Holocaust

Doch dann hätte der Papst auch eingestehen müssen, dass die Kirche die Hauptschuld trägt an der Verfolgung der Juden durch die Geschichte und damit mitschuldig daran ist, dass es überhaupt zum Holocaust kommen konnte. Von einem solchen Eingeständnis ist die Kirche jedoch bis heute weit entfernt. Noch im August 2005 sprach Papst Joseph Ratzinger bei seinem Besuch in der Synagoge von Köln von einer „wahnwitzigen neuheidnischen Rassenideologie", die zur Auslöschung des europäischen Judentums geführt habe. Als ob diese Ideologie ohne die Jahrhunderte lange Vorbereitung durch die kirchliche Judenfeindschaft überhaupt denkbar gewesen wäre!

Adolf Hitler selbst rechtfertigte in einem Gespräch mit Bischof Hermann Wilhelm Berning von Osnabrück am 26.4.1933 die Judenverfolgung damit, „dass er gegen die Juden nichts anderes tue als das, was die Kirche in 1500 Jahren gegen sie getan habe". [124] Doch noch im Mai 2006 versuchte Papst Ratzinger bei seinem Besuch im ehemaligen Konzentrationslager Auschwitz den Holocaust so darzustellen, als ob die Deutschen, die dabei mitmachten, allesamt von einer „Schar von Verbrechern" missbraucht worden seien. Damit wiederholte er im Grund nur die Zwecklüge ungezählter Deutscher, die nach dem Krieg von ihrer eigenen Schuld ablenken wollten.

Und das wollten auch die deutschen Bischöfe. Unmittelbar nach dem Krieg stilisierten sie sich nachträglich zu „Widerstandskämpfern" hoch, obwohl nicht wenige von ihnen, wie bereits erwähnt, die deutschen Soldaten bis fast zum Schluss zum Weiterkämpfen und zum Gehorsam gegenüber der Obrigkeit aufgefordert hatten.

KAPITEL 6

Die Nachkriegszeit (1945-58)

Für sehr viele Menschen in Europa bedeutete das Ende des Zweiten Weltkriegs 1945 den totalen Zusammenbruch der bisherigen Systeme; in Deutschland, Österreich oder Italien auch einen vollkommenen Bruch mit dem Faschismus und einen demokratischen Neubeginn. Dadurch wird sehr leicht übersehen, dass es in der Kirche anders war: Hier fand überhaupt kein Neuanfang statt. Die alten Machthaber drehten lediglich ihr Mäntelchen nach außen hin etwas nach dem Wind und setzten die alte Politik nahtlos fort.

Unmittelbar nach dem Krieg stießen z.B. Vertreter jüdischer Organisationen auf unerwarteten Widerstand, als sie jüdische Kinder wieder abholen wollten, die in katholischen Einrichtungen versteckt worden waren. Der Historiker Saul Friedländer war so ein Kind, und er berichtet in einem Interview [125], dass sein Onkel erst die Polizei einschalten musste, um ihn, seinen Neffen, zurückzubekommen. Erst Jahre später erfuhr Friedländer, weshalb das so war. Er berichtet: „Von Papst Pius XII. kam die Anweisung, dass man die getauften jüdischen Kinder in katholischen Institutionen, deren Eltern nicht zurückgekehrt waren, nicht mehr zurückgeben solle. Meine Eltern sind nicht zurückgekommen." Auch der kleine Saul war inzwischen im Internat katholisch getauft worden und hatte von seinen katholischen Rettern den Namen „Paul" erhalten.

Während also die gerade erst den Gaskammern entronnenen Verwandten von ermordeten Juden in der Nachkriegszeit um die Herausgabe von deren Kindern aus kirchlichen Einrichtungen kämpfen mussten, gelang Tausenden von Kriegsverbrechern aus Deutschland, Kroatien und anderen Ländern wie von Zauberhand die Flucht nach Spanien und Südamerika. Sie bedienten sich dabei der sogenannten „Rattenlinie", auf der sie von Kloster zu Kloster geschleust und von katholischen Geistlichen fürsorglich betreut wurden. Auch dies geschah unter dem Pontifikat von Pius XII.

Der jetzt selig gesprochen werden soll. Man will einen Mann selig sprechen, der zwar weder Hitler noch andere katholische Nazis aus der Kirche ausschloss, der aber im Jahr 1949 nicht zögerte, allen Italienern mit der Exkommunikation zu drohen, die auch nur in Verbindung mit der Kommunistischen Partei Italiens standen.
Man will einen Mann seligsprechen, der zwar 1946 gegen die Verhaftung des kroatischen

Faschistenkollaborateurs Erzbischof Stepinac öffentlich protestierte, oder 1949 gegen die gerichtliche Verurteilung des ungarischen Primas Mindszenty, für den er sogar eine Solidaritätsmesse hielt – dem aber die Ermordung von Millionen Juden weder einen öffentlichen Protest noch eine einzige Solidaritätsmesse wert war.

Man will im 21. Jahrhundert einen Mann selig sprechen, der noch 1953 verkündete, dass die Religionsfreiheit, also ein grundlegendes Menschenrecht, gegenüber dem Wahrheitsanspruch der Kirche nicht gelte.

Wörtlich sagte er: „Was nicht der Wahrheit oder Sittennorm entspricht, hat objektiv kein Recht auf Existenz, Propaganda und Aktion." [126]

Dass dies keine leeren Worte waren, zeigte sich z.B. im August 1953 in Spanien. Mit der Franco-Diktatur schloss der Vatikan ein Konkordat ab, das die katholische Religion (ähnlich wie vor 1931!) zur „einzigen Religion der spanischen Nation" erklärte und alle anderen Religionen extrem benachteiligte, ja fast in den Untergrund trieb, wie Karlheinz Deschner schreibt. [127] Dass der spanische Staat sich in diesem Konkordat enorme finanzielle Opfer für die Kirche aufbürden ließ, versteht sich fast schon von selbst.

Gleichzeitig erklärte Kurienkardinal Alfredo Ottaviani im Hinblick auf protestantische Minderheiten Italiens und Spaniens: „In den Augen eines wahren Katholiken ist die sogenannte Duldsamkeit nicht am Platz." [128] Und noch 1955 bezeichnete Pius XII. die Reformation „als das schwerste Verhängnis, welches das christliche Abendland und seine Kultur treffen konnte". [129] Schon 1948 hatte der Vatikan Religionsgespräche und gemeinsame Gottesdienste mit den Protestanten ausdrücklich verboten.

Eine Seligsprechung Pacellis durch Ratzinger wäre also auch ein weiteres Signal dafür, dass für den Vatikan „Ökumene" nur die Unterwerfung unter den Stuhl Petri bedeuten kann, auch wenn man dies aus dem gespreizten Wortgeflimmere der entsprechenden Verlautbarungen nicht immer sofort heraus hört.

Pius und die Wiederaufrüstung Deutschlands

Papst Pius XII. ist zudem wie kein zweiter dafür verantwortlich, dass Deutschland nur wenige Jahre nach dem verlorenen Zweiten Weltkrieg wieder aufrüstete. Es war der Kölner Kardinal Frings, der im März 1950 als erster öffentlich die Wiederaufrüstung der Deutschen forderte, und zwar, wie er selbst betonte, in Übereinstimmung mit dem Papst, der seinerseits bereits 1948 gefordert hatte: „Ein Volk, das von einem ungerechten Angriff bedroht ... ist, kann, wenn es christlich handeln will, nicht in passiver Gleichgültigkeit verharren, und noch mehr verbietet die Solidarität der Völkerfamilie den anderen, sich in gefühlloser Neutralität als einfache Zuschauer zu verhalten."

Karlheinz Deschner fragt hier zurecht: „Statt gefühlloser Neutralität also gefühlvoller Krieg?" [130]

„... wenn es christlich handeln will ..." Mit der Lehre des Jesus von Nazareth hat das alles jedenfalls nichts zu tun, denn dieser sagte klar und eindeutig: „Wer zum Schwert greift, wird durch das Schwert umkommen." Was aber sagte Kardinal Frings 1949 auf dem Katholikentag in Bochum? „Der Papst lässt keinen Zweifel darüber, dass es eine verwerfliche Sentimentalität, ein falsch gerichteter Humanitätsdünkel wäre, wenn aus Furcht vor den Leiden des Krieges jemand Unrecht geschehen lässt. Nach den Gedanken des Papstes ist also eine Kriegsführung, die gegen Unrecht gerichtet ist, nicht nur ein Recht, sondern sogar die Pflicht aller Staaten." Und in einem Hirtenbrief fügte er hinzu, „dass eine Propaganda für eine uneingeschränkte und absolute Kriegsdienstverweigerung mit dem christlichen Gedanken nicht vereinbar ist, dass auch diejenigen auf einem Irrweg sind, die der Jugend solches Denken beibringen" [131]

Damit die Jugend also nicht auf den pazifistischen „Irrweg" gebracht wird, trägt z.B. auch das Kardinal-Frings-Gymnasium in Bonn-Beuel den Namen der Eminenz. Und die Umbenennung der großen Rheinbrücke in Düsseldorf von Südbrücke in „Josef-Kardinal-Frings-Brücke" im Jahr 2006 zeigt auf, welche Kräfte in Deutschland offenbar wieder nach oben drängen.

„… dass diejenigen auf einem Irrweg sind …" Kardinal Frings erklärt hier Jesus von Nazareth geradewegs zu einem „Irrlehrer"! Und Papst Pacelli erklärte Christus, den großen Liebe- und Weisheitslehrer, für „gemeingefährlich", denn als „gemeingefährlich" verwarf er, der Papst den „extremen Pazifismus", „also den", so Karlheinz Deschner, „der allein und eigentlich im Sinne Jesu Pazifismus ist". [132]

Das alles mag ja katholisch sein oder lutherisch, christlich ist es sicher nicht. Doch wie könnte die Kirche auch anderes lehren, hat sie doch durch die Jahrhunderte hindurch Kriege nicht nur befürwortet, sondern auch immer wieder selbst angezettelt. Zu allen Zeiten hat die katholische Kirche die Völker dieser Erde in Kriege hineingezogen und dabei nur ihrem „Gott" gedient, nämlich der Macht, und ihm zu Ehren geraubt, geplündert, gefoltert und gemordet. Immer ging es darum, den Reichtum und den Einfluss der Kirche zu mehren. Dafür ging man allzu gerne und freiwillig, oftmals federführend, auch Bündnisse mit geradezu teuflischen Diktatoren ein. Einen Menschen zu töten ist ein Verbrechen. Millionen Soldaten mit angeblich Gottes Segen den Kriegen aufeinanderzuhetzen hingegen gilt als ein gottgefälliges Werk.

Die Verdammung des Pazifismus, also der Friedfertigkeit, die der Nazarener lehrte, zieht sich denn auch wie ein roter Faden bis heute durch die Verlautbarungen der angeblichen Stellvertreter Christi. „Wir sind keine Pazifisten!" erklärte z. B. Johannes Paul II. 1991 während des Krieges gegen den Irak. Und auch sein Nachfolger, Papst Joseph Ratzinger, lehnte noch im November 2004, also wenige Monate vor seiner Wahl zum Papst, Pazifismus als „unchristlich" ab. [133)]

Der katholische Bundeskanzler Konrad Adenauer machte sich die Aufrüstungspolitik des Vatikan voll zu eigen und erklärte 1952 die Frage der Wiederbewaffnung Deutschlands zu einer „Weltanschauungsfrage". Es gehe darum, so Adenauer wörtlich, „ob Europa christlich bleibt oder ob Europa heidnisch wird". [134] So als ob es nicht gerade die Romkirche gewesen wäre, die von Anfang an das ursprüngliche Urchristentum in sein Gegenteil verwandelt hätte, indem sie heidnische Rituale und Bräuche zuhauf aus antiken Kulten übernahm.

Übrigens: Der Katholik Adenauer, während der Weimarer Zeit Oberbürgermeister von Köln, hatte sich zwar während des Dritten Reiches aus dem öffentlichen Leben zurückgezogen, zuvor jedoch 1929 Mussolini begeistert zum Abschluss der Lateranverträge gratuliert und sich 1932 an die Nazis angebiedert, indem er erklärte, „dass nach meiner Meinung eine so große Partei wie die NSDAP unbedingt führend in der Regierung vertreten sein müsse". [135]

Auch der erste deutsche Bundespräsident Theodor Heuss, ein Protestant, hatte 1932 „neben allerlei Tadelnswertem viel Positives am Nazismus gefunden, vor allem Hitler selbst auffallend geschont", wie Deschner schreibt. [136] Auch Heuss war für die Wiederbewaffnung, so wie beide Großkirchen Kriege und Gewalt immer gerechtfertigt haben.

Das Ziel: ein großkatholisches Reich

In einem Hirtenwort gab Kardinal Frings 1951 die Strategie preis, die hinter all dem steckte, nämlich: „Die Verwirklichung des Ideals, das Reich Karls des Großen zu errichten, ist noch nie so nah gewesen wie jetzt." [137)] Darum geht es also der römisch-katholischen Kirche, ob sie nun von Pacelli, Wojtyła oder Ratzinger angeführt wird.

Und Großmachtträume sind es, die die Kirche leiten. Man könnte es auch Größenwahn nennen: die Errichtung eines europäischen Großreichs mit Waffengewalt – denn bei Licht besehen war Karl der sogenannte Große ein brutaler Gewaltherrscher, der in 46 Regierungsjahren fast 50 Feldzüge führte. Und fast immer waren es Angriffskriege, die der in der katholischen Kirche als „heilig" verehrte Kaiser anzettelte. Besonders brutal war die Massakrierung und Zwangskatholisierung der Sachsen zwischen 772 und 804.

Allerdings hat Kardinal Frings bei seiner Schwärmerei über den „heiligen" Karl eine Ironie der Geschichte übersehen: Die Anbiederung der Kirche an alle faschistischen Diktatoren Europas trug maßgeblich zur Katastrophe des Zweiten Weltkriegs bei – und nach dessen Ende befanden sich die Grenzen der

Einflusssphäre des sogenannten westlichen Abendlandes im Ergebnis wieder genau dort, wo sie zur Zeit Karls des Großen, also mehr als tausend Jahre zuvor, auch schon waren – nämlich an der Elbe.

„Was verdient ein Papst", fragt Karlheinz Deschner, „der nicht nur mit Pavelić im Bunde war, sondern auch mit Mussolini, Franco und Hitler? Und mit ihrer Hilfe, über 55 Millionen Tote hinweg, die Russen bis an die Grenzen Bayerns brachte?" [138]

Kein Bannstrahl gegen die Atombombe – aber gegen nicht-katholische Bücher

Das alles brachte die Kirche aber nicht zum Nachdenken, im Gegenteil: Mit um so größerem Eifer stürzten sich Papst und Kirche nun mit in den Kalten Krieg. Pius XII., der die Atombombenabwürfe auf Hiroshima und Nagasaki nie verurteilt hat, unterstützte Konrad Adenauer bei seinen Plänen, auch Deutschland atomar zu bewaffnen. Führende kirchliche Theologen wie der Jesuit Gustav Gundlach wurden nicht müde, auch den atomaren Krieg theologisch zu rechtfertigen: „Die Anwendung des atomaren Krieges ist nicht absolut unsittlich." [139]

Auch wenn es dann mit den deutschen Atomwaffen entgegen dem Wunsch des Vatikans nichts wurde, so unterstützte die Romkirche – so wie übrigens auch die Lutherkirche – über viele Jahrzehnte gegen alle Bedenken aus dem Volk wenigstens die Energieerzeugung durch Atomkraftwerke. Johannes Paul II. sprach sich 1979 vor den Vereinten Nationen für die „friedliche Nutzung der Atomenergie" aus. Und noch 2007 lobte Papst Joseph Ratzinger ausdrücklich, so wörtlich, „den Beitrag der Atomenergie zum Frieden, zur Gesundheit und zum Wohlstand." [140]

Wenn also Kirchenvertreter, gleich ob katholisch oder lutherisch, nach der Atomkatastrophe von Fukushima vom März 2011 behaupten, immer schon Bedenken gegen die Atomkraft gehabt zu haben, so ist das einmal mehr Lug und Trug gegenüber dem Volk.

Doch die Kirche glaubte schon immer, das Denken der Menschen unter Kontrolle zu haben und bis in die Einzelheiten hinein bestimmen zu können. Papst Pius XII. steht auch für den Index verbotener Bücher, auf den während seiner Amtszeit, zur Zeit des beginnenden Kalten Krieges, die Werke so bekannter Schriftsteller und Philosophen wie André Gide, Jean-Paul Sartre, Alberto Moravia oder Simone de Beauvoir gesetzt wurden. [141] Adolf Hitlers Hauptwerk *Mein Kampf* hingegen landete nicht auf dem Index, obwohl Pacelli es schon in den 20er Jahren von vorne bis hinten gelesen hatte.

Mit Sartre oder Beauvoir sollte das Volk sich also nicht befassen. Es sollte statt dessen aufblicken zum sogenannten „Heiligen Vater" und zu den Menschen, die ihm von der Kirche als Vorbilder, als angebliche „Heilige", präsentiert wurden. Und da lag Pius XII. besonders einer seiner Vorgänger am Herzen, den er 1954 sogar heilig sprach, nämlich Pius X., in dessen Amtszeit von 1903 an er seine Karriere in der römischen Kurie begonnen hatte. Pius X. steht, wie erwähnt, für einen innerkirchlichen Geheimdienst, eine regelrechte Schnüffel- und Denunziantenzentrale in Rom, die mit den Mitteln der modernen Inquisition alle Theologen rigoros abstrafte, die noch ihren eigenen Verstand zu gebrauchen versuchten.

Das „Jahrhundertereignis": ein neues Mariendogma!

Theologen, die ihren Verstand selbstständig einsetzten, konnte auch Pius XII. nicht gebrauchen – vor allem dann nicht, als er im Jahr 1950 das auch unter Theologen äußerst umstrittene Dogma der „leiblichen Aufnahme Mariens in den Himmel" verkündete.

Schon der gesunde Menschenverstand könnte gegen dieses Dogma einwenden, dass unklar sei, was denn Maria mit ihrem irdischen Körper in einem „Himmel" anfangen soll, in dem ansonsten nur „feinstoffliche Wesen" existieren. Für Pacelli jedoch war dieses Dogma „das größte religiöse Ereignis des Jahrhunderts", wie es ein vom Vatikan verbreiteter Werbetext verkündete. „Evviva la Madonna! Evviva il Papa!" schrie die Menge auf dem Petersplatz. „Gott war offenbar vergessen worden", schreibt dazu Hans Erich Lampl. [142]

Nicht vergessen hat aber Papst Pacelli, seinem Dogma noch einen Nachsatz hinzuzufügen, von dem Lampl schreibt: „Potenzieller Scheiterhaufengeruch schlägt aus diesem sanftheitsheuchelnden ´Credo´ entgegen." [143] Und dieser Nachsatz lautet: „Wenn daher, was Gott verhüte, jemand diese Wahrheit, die von Uns definiert worden ist, zu leugnen oder bewusst in Zweifel zu ziehen wagt, so soll er wissen, dass er vollständig vom göttlichen und katholischen Glauben abgefallen ist."

Man muss sich das einmal vorstellen: Schon das bloße Zweifeln an diesem Dogma führt zum Ausschluss aus der Kirche – und damit geradewegs in die Hölle! Es ist in der Tat so: Wer auch nur *einen* der vielen angeblich unfehlbaren Lehrsätze der Kirche nicht annimmt, der unterliegt automatisch der Exkommunikation. Die wenigsten Katholiken wissen das, aber es steht, ebenso wie Pacellis Mariendogma (*Randnummer 487*) in der offiziell autorisierten Lehrsatzsammlung der Vatikankirche, herausgegeben von *Neuner und Roos*. Unter *Randnummer 85* lesen wir da:

„Wer nicht die ganze kirchliche Überlieferung annimmt, die geschriebene wie die ungeschriebene, der sei ausgeschlossen."

Und wo sind nun die Katholiken, die wirklich ausnahmslos alles glauben, was die Amtskirche den Gläubigen in eineinhalbtausend Jahren so alles vorgesetzt hat, von der Jungfrauengeburt über die Reliquienverehrung bis hin zur leiblichen Aufnahme Mariens in den Himmel? Wenn aber die meisten Katholiken, ohne es zu ahnen, längst automatisch exkommuniziert sind, wozu zahlen sie dann eigentlich noch Kirchensteuer?

Auf jeden Fall zeigt der Nachsatz des Mariendogmas von 1950, wes Geistes Kind hier am Werk ist. Der Gottesgeist, der freie Geist, der für alle Menschen gleichermaßen da ist, der ist es sicher nicht, der einem

Menschen eingibt, alle zu verdammen, die nicht seine Ansichten teilen.

Weshalb ausgerechnet Eugenio Pacelli, der ansonsten so kühle und zurückhaltende, wenig Emotionen zeigende Chefdiplomat an der Spitze der Kurie, sich plötzlich mit derartiger Begeisterung in ein schwärmerisches Mariendogma förmlich hineinsteigerte, wäre eigentlich eher ein Fall für die Psychoanalyse. Vielleicht spielt dabei, wenige Jahre nach dem Krieg, auch das schlechte Gewissen eine gewisse Rolle, das der Papst mit diesem medienwirksamen „Event" möglicherweise zu kompensieren versuchte.

Pacelli hinterließ 80 Millionen Mark an Privatvermögen

Pacelli gab sich zwar den Anstrich eines vollkommenen Asketen; man bezeichnete ihn auch als „pastor angelicus", als „engelgleichen Hirten". Doch ganz so durchgeistigt, wie seine Bewunderer ihn gerne sahen, war er offenbar doch nicht. Er scheint durchaus noch Sinn für gewisse materielle Dinge gehabt zu haben. Wie anders wäre es zu erklären, dass dieser Papst, als er starb, seinen Erben „ein Privatvermögen von 80 Millionen Mark in Gold und Valuten hinterließ? Dies schrieb Karlheinz Deschner bereits 1982. [144)] Und nicht nur das: Pacellis drei Neffen bekleideten allesamt führende Posten sowohl beim Vatikan als auch bei dem Vatikan eng verbundenen Wirtschaftsunternehmen und erzielten während seiner Amtszeit Einnahmen von umgerechnet 120 Millionen Mark.

Träumt Papst Ratzinger
von einer neuen katholischen Weltdiktatur?

Aber auch das scheint einer Seligsprechung nicht im Wege zu stehen. Bleibt die Frage: Welchen Narren haben die Päpste, die nach ihm kamen, an diesem Vorgänger nur gefressen? Denn selig sprechen wollten ihn fast alle. Lassen wir noch einmal einen Zeitzeugen zu Wort kommen, der in zweierlei Hinsicht unverdächtig ist: Zum einen ist er Katholik, zum anderen sprach er seine Ansicht bereits 1935 aus, als Pacelli noch gar nicht Papst war. Dieser Zeitzeuge ist der ehemalige Reichskanzler Heinrich Brüning, ein Politiker der katholischen Zentrumspartei, und er kam zu dem Schluss:

„Hinter der Verständigung mit Hitler stehe die vatikanische Bürokratie und ihr Augure Pacelli. Ihnen schwebe ein autoritärer Staat und eine autoritär von der vatikanischen Bürokratie geleitete Kirche vor, die miteinander einen ewigen Bund schlössen." [145)]

Und dass dieser „ewige Bund" im übertragenen Sinne auch nach dem Zweiten Weltkrieg noch Bestand hatte, das sieht man z.B. an der massiven Unterstützung der Kirche für Militärdiktaturen wie in Chile oder Argentinien in den 70er und 80er Jahren.

„ ... ein autoritärer Staat und eine autoritär von der vatikanischen Bürokratie geleitete Kirche ..." Könnte es nicht sein, dass genau das auch Papst Ratzinger vorschwebt, so wie es auch seinem Vorgänger Wojtyła vorschwebte? Dann sollte Joseph Ratzinger alias Benedikt XVI. aber auch so ehrlich sein, das zu sagen, statt ausgerechnet diesem Papst, der kein Wort gegen den Holocaust über die Lippen brachte, einen, so wörtlich, „heroischen Tugendgrad" zuzuerkennen, wie im Dezember 2009 geschehen – oder sogar zu behaupten, wie im April 2010, Pius sei „in dieser schweren Zeit ein Vater für alle" gewesen, ja sogar „ein barmherziger Papst", der mit seiner Weisheit der Kirche die Richtung in das dritte Jahrtausend gezeigt" habe. [146]

Im November 2008 verstieg sich Joseph Ratzinger sogar zu der Aussage, Papst Pius XII. sei ein „Geschenk Gottes" gewesen. Wörtlich sagte er: „Mit der Persönlichkeit von Pius XII. hat der Herr seiner Kirche ein außerordentliches Geschenk gemacht, für das wir ihm dankbar sein müssen." [147]

Ist diese Lobhudelei nicht ein Hohn auf alle Opfer des Krieges und des Faschismus? Denn in welche Richtung dieser Kirchenmann die Kirche geführt und wie er den Verlauf der Geschichte in höchst unheilvoller Weise mit beeinflusst hat, das wurde im vorliegenden Buch herausgearbeitet.

Was führt Joseph Ratzinger eigentlich im Schilde, wenn er für das dritte Jahrtausend durch eine Seligsprechung ausgerechnet die „Richtung" Pacellis vorgeben will? Will er etwa das Rad der Geschichte zurückdrehen? Träumt er am Ende von einer katholischen Weltdiktatur mit totalitären Zügen, in der seine mittelalterlichen Fantasien Wirklichkeit werden sollen?

In diese Richtung geht z.B. auch der Aufruf Joseph Ratzingers aus dem Jahr 2009 in seiner Sozialenzyklika *Caritas in veritate* zur Gründung *einer* „politischen Weltautorität". Denn wer kommt denn aus Sicht des Vatikan dafür in Frage, diese „Weltautorität" zu sein? Und welche „Weltautorität" hat die Welt in den letzten Jahrhunderten in den Abgrund gestürzt, in dem sie heute schon liegt? Soll die alte „Weltautorität" etwa die neue sein? Wer Ohren hat zu hören, der höre.

Und ist es nicht auch eine Verhöhnung Gottes, Papst Pius als „Geschenk des Herrn" zu bezeichnen?

Ist es nicht eine Schande auch für die deutsche Politik, dass maßgebliche Wegbereiter des Faschismus wie Pacelli in aller Öffentlichkeit verherrlicht werden können – als Gipfel des Zynismus noch dazu von einem deutschen Papst Ratzinger – ohne dass ein Aufschrei durch die Öffentlichkeit geht? Macht der Filz von Staat und Kirche nicht einmal vor der Verhöhnung der Opfer des Nationalsozialismus halt?

Es lohnt sich jedenfalls, wachsam zu bleiben. Der Vatikan hat einen sehr langen Atem. Wo Politiker in Wahlperioden von vier oder fünf Jahren denken, da denken Päpste in Jahrzehnten oder gar Jahrhunderten. Das Thema einer Seligsprechung von Pius XII. wird mit Sicherheit früher oder später wieder auftauchen. Je mehr Bürger dann über die Hintergründe informiert sind und sich entsprechend regen, desto eher wird dieses Thema endgültig dorthin verschwinden, wo es hingehört: in die vatikanische Unterwelt.

Pius XII., auch das ist klar geworden, steht beispielhaft für das Thema „Selige" und „Heilige" der Romkirche. Helvetius, der bekannte französische Philosoph der Aufklärungszeit, hat es, wie bereits erwähnt, auf den Punkt gebracht: „Liest man ihre Heiligenlegenden, so findet man die Namen von tausend heiliggesprochenen Verbrechern!"

Immer mehr Menschen erfassen heute, dass wir weder Selige noch Heilige benötigen, und schon gar keinen autoritären Staat, wie z. B. der Vatikan einer ist. Denn der freie Geist, den wir auch Gott nennen können, ist überall lebendig und steht jedem von uns als Kraftquelle in seinem Inneren zur Verfügung, der sich Ihm zuwendet. Und dieser freie Geist braucht keine Religion und keine Kirche.

KAPITEL 7:

Gibt es denn
gar keine „Seligen"?

„Liest man ihre Heiligenlegenden, so findet man die Namen von tausend heiliggesprochenen Verbrechern!" Dieser Ausspruch von Helvetius mag bei manchem Leser noch nachklingen, vielleicht begleitet von der Frage: „Ist das nicht ziemlich übertrieben?"

Auf den ersten Blick schon. Der Satz klingt fast so, als ob alle Heiliggesprochenen Verbrecher wären. Aber sehen wir genau hin: Das hat der französische Aufklärer gar nicht behauptet. Er hat nur gesagt: Er finde unter den angeblich „Seligen" und „Heiligen" mindestens tausend Verbrecher. Und das dürfte in der Tat schwer zu widerlegen sein.

Doch das Unbehagen könnte bei so manchem Leser noch anhalten: „Schön, Pius XII. seligzusprechen ist tatsächlich keine so gute Idee, das sehe ich schon ein. Aber es gibt doch auch gute Beispiele für Selige und Heilige! Muss man alles immer so niedermachen und überall nur das Negative sehen?"

Muss man nicht. Sollte man auch nicht. Doch wer sagt uns, dass nicht auch Helvetius ursprünglich so an die Sache heranging? Dass er fromme Geschichten zu lesen begann, mal genauer nachschaute – und dann zutiefst entsetzt war, was er da so alles fand?

Deshalb ein Angebot an den noch immer skeptischen Leser: Wir könnten es ja auch so machen und einfach mal drei auf den ersten Blick „gute Beispiele" herausgreifen, am besten solche, die noch nicht so lange zurückliegen – aus der zweiten Hälfte des 20. Jahrhunderts etwa, an das sich viele Zeitgenossen noch lebhaft erinnern.

Wie wäre es erstens mit Giuseppe Roncalli, also Papst Johannes XIII., seliggesprochen im Jahr 2000? Dann Mutter Teresa, seliggesprochen 2003 – und schließlich Karol Wojtyła bzw. Papst Johannes Paul II., seliggesprochen im Mai 2011? Einverstanden? Dann mal los!

Roncalli:
ein Sympathieträger auf dem Papstthron

Was kann man gegen Giuseppe Roncalli schon haben? Ein humorvoller, etwas korpulenter Mann – bei seinem ersten Auftritt nach der Wahl rief auf dem Petersplatz angeblich eine Frau: „un grasso!" (ein Di-

*Giuseppe Roncalli –
Johannes XXIII.
(1881-1963) hier
Ostern 1960 mit Tiara*

cker) und fiel in Ohnmacht [148], – ein Papst ohne jegliche Starallüren, der sein Ego nicht vom vatikanischen Personenkult aufblasen ließ und bescheiden blieb? Der auf die Frage eines Reporters, wie viele Menschen im Vatikan eigentlich arbeiteten, schlagfertig die Auskunft gab: „ungefähr die Hälfte"? Der wegen seiner spontanen Ausflüge alsbald den Spitznamen „Giovanni fuori le mura" erhielt?

Die Frage sei dennoch gestattet: Wenn sich nach Jahrzehnten oder Jahrhunderten endlich mal ein Papst wie ein normaler Mensch verhält – muss man ihn dann gleich selig sprechen?

Karlheinz Deschner – der Roncalli ebenfalls sympathisch findet – hat dennoch wenig Mühe, in diesem unbestrittenen Sympathieträger den stockkonservativen Theologen greifbar zu machen: Seit 1904 im Priesteramt, war er offenbar mit dem inquisitorischen und wissenschaftsfeindlichen Kurs von Pius X. voll einverstanden, rühmte noch 1958 seine „erhabene Lehre", seinen Sieg über „Rationalismus und Scientismus" – so, wie er schon 1910 „aus ganzem Herzen die Verurteilung des ‚modernismo'" begrüßt hatte. [149)] Er war auch alles andere als ein Pazifist, sondern arbeitete im Ersten Weltkrieg als Militärpfarrer und kommentierte den Eintritt Italiens in den Zweiten Weltkrieg mit den Worten: „Für uns Katholiken gibt es nur eins: zu gehorchen.' Und noch 1943 fand er: ‚Jetzt ist Krieg ... Man muss leiden, schweigen, und jeder muss seine Pflicht tun.'" [150)] Gegen die Faschisten hatte er ebenfalls nichts einzuwenden, empfahl nach Mussolinis Machtübernahme 1924 schlicht, „sich ‚nicht aufzuregen', vielmehr ‚den Dingen ihren Lauf zu lassen'." [151)]

„Wir auch! Wir auch!"

Ein durch und durch gehorsamer Sohn seiner Kirche also. Umso erstaunlicher, dass er dann plötzlich die Idee hatte, ein Konzil einzuberufen, das innerhalb der Kirche eine beachtliche Aufbruchsstimmung hervorrief. Doch war diese Kirchenversammlung wirklich so progressiv, wie sie immer dargestellt wird? War sie nicht vielmehr der wieder einmal um Jahrzehnte, ja Jahrhunderte verspätete Versuch, den Veränderungen in der Welt wenigstens ansatzweise Rechnung zu tragen? Aufklärung, Demokratie, Pluralismus, kalter Krieg ... die Welt hatte sich schließlich gewaltig verändert. Für Karlheinz Deschner war das Konzil „jenes horrend verspätete Nachhetzen mit heraushängender Zunge, jenes atemlos hinter der Zeit Herjappen", das Kurt Tucholsky schon in den 20er Jahren aufs Korn genommen hatte: „Wir auch, wir auch!' ... Sozialismus? Wir auch! Jugendbewegung? Wir auch! Sport? Wir auch!" [152] Heute könnte man z.B. noch hinzufügen: „Kampf gegen den Klimawandel? Wir auch!" Obwohl die Kirche auch dieses Thema völlig verschlafen hat, will sie jetzt auf den Umwelt-Zug mit aufspringen. In Wahrheit jedoch gehört die Kirche zu den geistigen Hauptverursachern der Naturverachtung, die diesen Klimawandel erst herbeigeführt haben. [153]

Bei näherer Betrachtung erweist sich vieles von der angeblichen Progressivität des Zweiten Vatikanischen Konzils (1962-65) als Fassade, als geschickte Imageverbesserung ohne nachhaltige Änderung. Die Gläubigen hatten das Gefühl, mehr einbezogen zu werden – doch die Hierarchie, die Jesus nie eingesetzt hat, blieb bestehen, und Papst Roncalli verbot z.B. eigenhändig die Bewegung der französischen Arbeiterpriester.

Die „ewige Verdammnis" und ihr Hintertürchen

Bis heute wird auch das Gerücht verbreitet, das Konzil habe andere Religionen als gleichberechtigt anerkannt und festgestellt, dass es verschiedene Wege zu Gott gäbe. Ein schönes Märchen, nur leider unwahr. Denn einschlägige Dogmen, von angeblich unfehlbaren Päpsten verkündet, sind nach wie vor unverändert in Kraft, etwa dieses:

„[Die heilige römische Kirche, durch das Wort unseres Herrn und Erlösers gegründet,] glaubt fest, bekennt und verkündet, daß ‚niemand außerhalb der katholischen Kirche, weder Heide' noch Jude noch Ungläubiger oder ein von der Einheit Getrennter – des ewigen Lebens teilhaftig wird, vielmehr dem ewigen Feuer verfällt, das dem Teufel und seinen Engeln bereitet ist, wenn er sich nicht vor dem Tod ihr (der Kirche) anschließt. ...“ [154]

Doch nicht nur das: Das Zweite Vatikanum selbst hat diese Grundaussage sogar noch einmal ausdrücklich bestätigt, indem es nämlich 1965 feststellte: „Darum können jene Menschen nicht gerettet werden, die um die katholische Kirche und ihre von Gott durch Christus gestiftete Heilsnotwendigkeit wissen, in sie aber nicht eintreten oder in ihr nicht ausharren wollen.“ [155]

Die angebliche theologische Großherzigkeit anderen Religionen und Glaubensbekenntnissen gegenüber besteht also in Wirklichkeit in einem winzigen, schäbigen Hintertürchen: „Gerettet" vor der angeblich „ewigen Hölle" kann nur werden, wer die Vatikankirche gar nicht kennt! Doch wer kann das von sich schon behaupten?

Für einen aber war dieses Konzil ganz ohne Zweifel gut: Es hat Giuseppe Roncalli zum Status eines „Seligen" verholfen. Aus dem Verlegenheitskandidaten beim Konklave Ende 1958 wurde im Jahr 2000 eine Verlegenheits-Dreingabe, die Karol Wojtyła dabei half, die bittere Pille der gleichzeitigen Seligsprechung des Antisemiten und Unfehlbarkeits-Verkünders Pius IX. etwas zu versüßen. Dass sowohl Wojtyła als auch Ratzinger seit Jahrzehnten eifrig dabei sind, die Ergebnisse des Konzils wieder zurückzudrehen, dass sie eine „Restauration des vorkonziliaren römischen Herrschaftssystems" betreiben (Hans Küng) [156], das gibt der Seligsprechung Roncallis den stechenden Beigeschmack von Heuchelei.

„Crimen sollicitationis":
Schutz für Kinderschänder

Doch das Pontifikat dieses ungewöhnlichen Papstes bestand nicht nur aus dem Konzil. Dass er ein

Jahr nach seinem Amtsantritt, im Dezember 1959, dem in Madrid im Sterben liegenden kroatischen Kriegsverbrecher Ante Pavelić seinen päpstlichen Segen übermitteln ließ, könnte man mit viel Nachsicht und Mühe gerade noch mit Einarbeitungsschwierigkeiten entschuldigen. [157)] Doch was ist mit den folgenschweren „Verfahrensregeln" zum Kirchenrecht, die dieser Papst am 16. März 1962 bestätigte, nicht ohne persönlich anzuordnen, sie „in allen Einzelheiten einzuhalten"? [158)] Es handelt sich um einen päpstlichen Erlass, ausgearbeitet von Kardinal Ottaviani, einem der Vorgänger Kardinal Ratzingers beim „Heiligen Offizium", der späteren „Kongregation für Glaubenslehre". Der Erlass trägt den Titel: „Crimen sollicitationis".

Unter diesem geheimnisvollen lateinischen Begriff („Verbrechen der Verführung") geht es unter anderem um Sexualverbrechen durch Priester. Bekannt wurde dieser kircheninterne Geheimerlass erst im Jahr 2003, als er Anwälten von Missbrauchsopfern in den USA zugespielt wurde. Der britische Kronanwalt Geoffrey Robertson analysiert in seinem Buch „Angeklagt: Der Papst" („The Case of the Pope") zunächst die einschlägigen Canones des „Codex Iuris Canonici" – zusammengestellt 1917 von Papst Pius XII. –, die sich auf solche Verbrechen beziehen: „Kriminelle, die nach weltlichem Recht entlarvt, öffentlich vor Gericht gestellt und verurteilt werden würden, erhalten nach kanonischem Recht lediglich eine Therapie, eine Verwarnung oder einen Verweis." [159)] Die „schlimmste Strafe", die gegen einen Priester verhängt werden kann ist die Entlassung aus dem Klerikerstand. Onanieren ist nach dem Kirchenrecht laut Robertson dem Sexualverbrechen gleichgestellt; in einem eheähnlichen Verhältnis zu leben ist schlimmer. Die bereits im „Codex" verlangte „vollständige Geheimhaltung" wird nun im Erlass von 1962, der allen Bischöfen zugestellt wurde, nochmals präzisiert. Robertson: „...das Verfahren muss unter absoluter Geheimhaltung stattfinden, bei Strafe der Exkommunikation selbst des kindlichen Opfers ..." [160)]

Dass dies keine leeren Worte sind, kam im März 2010 ans Tageslicht. Sean Brady, Kardinal von Armagh und Primas von Irland, musste zugeben, im Jahr 1975 als Sekretär des Bischofs von Kilmore an einer „Untersuchung" teilgenommen zu haben. Es ging um die Sexualverbrechen des Priesters Brendan Smyth. Zwei seiner Opfer, ein zehnjähriger Junge und ein 14jähriges Mädchen, waren zugegen und mussten einen feierlichen Eid schwören, über ihre Qualen ewiges Stillschweigen zu bewahren. Smyth blieb noch fast 20 Jahre auf freiem Fuß und beging weitere Verbrechen.

Kardinal Brady lehnte es 2010 jedoch ab, von seinem Amt zurückzutreten. [161]

Wie denn auch? Wie Robertson in seinem Buch nachweist, betrachtet es der Vatikan, so wörtlich, als „angeborenes und eigenes Recht der Kirche, straffällig gewordene Gläubige durch Strafmittel zurechtzuweisen". [162] Was in der Praxis bedeutet: Sexualverbrechen in den eigenen Reihen systematisch zu vertuschen und die Täter nach Möglichkeit der weltlichen Gerichtsbarkeit zu entziehen. Von einem fairen Verfahren kann innerhalb des Kirchenrechts ebenso wenig die Rede sein wie von professionellen Untersuchungen, geschweige denn von einer Betreuung oder gar Entschädigung der traumatisierten Opfer.

Was Johannes XXIII. auf diese Weise festlegte, das präzisierte Kardinal Ratzinger im Jahre 2001 erneut – ohne im Kern etwas an diesem Skandal zu ändern. [163] Das „päpstliche Geheimnis" bleibt, allen wohlklingenden Bekundungen zum Trotz, weiterhin bestehen, und von der Notwendigkeit der Einschaltung weltlicher Strafverfolgungsbehörden ist weiterhin keine Rede. Bis heute.

Statt dessen werden lieber weitere „Selige" und „Heilige" produziert. Auch wenn sie in Wirklichkeit noch so zweifelhafte Figuren sind.

Mutter Teresa:
Die heiliggesprochene Fanatikerin

„Die Zustände in Mutter Teresas Vorzeigeeinrichtungen ... sind häufig und übereinstimmend beschrieben worden. So ist allgemein bekannt, dass Mutter Teresa den Einsatz professioneller (gespendeter) medizinischer Geräte verbot, Schmerz- und Betäubungsmittel aus ihren Einrichtungen weitgehend verbannte, dass Medikamente unsachgemäß verabreicht und grundlegende Hygienevorschriften nicht beachtet wurden, dass die Schwestern Spritznadeln nicht desinfizierten und so oft wieder verwendeten bis sie stumpf waren, dass sie Teppichböden herausrissen und Möbel zerschlugen, weil sie ihnen als Luxus erschienen, oder dass Mutter Teresa in einem ihr als Krankenhaus überlassenen Gebäude den Einbau eines Fahrstuhls verhinderte." [164]

Wer möchte als kranker Mensch, der noch Hoffnung auf Genesung hat, in so eine Einrichtung gebracht werden? Was die Kulturwissenschaftlerin Marianne Sammer hier zusammenfasst, ist, wie sie selbst schreibt, durchaus keine Auflistung von Einzelfällen. Diese „Tollheit" um mit Shakespeare zu sprechen, hat vielmehr Methode. Sie erklärt sich aus einer fanatisch übersteigerten Leidens- und Armutsmystik, die sehr viel mit Teresas jesuitischer Erziehung zu tun hat. Agnes Bojaxhiu (sprich: Bo**ja**dschu), 1910 im damals osmanischen (heute mazedonischen) Skopje als Tochter albanischer Katholiken geboren, geriet mit 15 Jahren unter den Einfluss von Jesuiten und beschloss mit 18, katholische Nonne zu werden.

„Wo keine Armut und kein Leid ist, findet keine Gottesbegegnung statt und keine Entsühnung" – so fasst Sammer diese zutiefst mittelalterliche Denkweise zusammen. [165] Als ob Gott das Leid Seiner Kinder, der Menschen, geradezu wollte, um in Seinem angeblichen „Zorn" „besänftigt" zu werden. Als ob ein liebender Vater keinen Wert darauf legte, dass es Seinen Kindern gut geht.

Es ging Teresa nach eigener Aussage darum, „den Durst Jesu nach Seelen durch Dienst an den Ärmsten der Armen zu stillen". [166] Auch in ihrem Orden, geht es, zumindest nach der Absicht der Gründerin, nicht in erster Linie um tätige Hilfe, oder gar um Hilfe zur Selbsthilfe. „Sagt ihnen, wir sind nicht für die Arbeit hier, wir sind hier für Jesus. Wir sind vor allem religiös; wir sind keine Sozialarbeiter, keine Lehrer, keine Krankenpfleger, keine Ärzte. Wir sind Nonnen." [167] Man könnte auch sagen: Missionarinnen. Welche positive Perspektive gibt diese Arbeit dann den Armen in der Welt? Oder dient der Orden in erster Linie der „Bekehrung" von Menschen zum „rechten" Glauben und in zweiter Linie dem Ruhm ihrer Gründerin?

Armuts- und Leidens-„Mystik"
statt gezielter Hilfe

Allenfalls für einen bereits Sterbenden oder unheilbar Kranken, der sonst keine Bleibe mehr hat, mag ein „Sterbehaus" à la Mutter Teresa eine vernünftige Alternative darstellen. Auch wenn er darin mit kahlgeschorenem Kopf auf jegliche Privatsphäre verzichten und seinen Urin auf den Betonboden unter das Bett kippen muss, wo er dann des Abends mit einem Wasserschlauch weggeschwemmt wird. In dem Fernsehfilm „Das schwierige Erbe der Mutter Teresa" waren diese Bilder zu sehen. [168)]

Wohlgemerkt: Solche Zustände gab es zum Zeitpunkt der Aufnahmen nicht, weil es an Geld mangelte. „Dies ist wahrscheinlich der reichste Orden der Welt", sagt Jack Preger, ein englischer Arzt, der im „Sterbehaus" ehrenamtlich gearbeitet hat. [169)] Der Orden könnte in großem Umfang und mit Hilfe der modernen Technik Kranke heilen, sie fachgerecht versorgen, Arme in den Slums speisen oder ihnen beim Hausbau helfen. Statt dessen landen Millionen von Spendengeldern auf undurchsichtigen Konten. Gleichzeitig werden Tuberkulosekranke nicht isoliert, oder Nonnen und freiwillige Helfer behandeln Kranke teilweise ohne Mundschutz und Handschuhe. [170)]

Und weshalb werden Schmerzmittel oft verweigert? Weil der Mensch durch das Leiden angeblich schneller Gott näher kommt. Auch bei vor Schmerzen stöhnenden Kranken, gleich ob Hindus oder Moslems, hat Teresa persönlich noch zu missionieren versucht: „Du leidest. Das heißt, Jesus küsst dich." Worauf eine todkranke Frau entgegnet haben soll: „Dann sag deinem Jesus, er soll aufhören, mich zu küssen." [171)]

Unrechtmäßige Adoptionen

Auch hier werden die Namen Gottes und Christi für etwas missbraucht, was absolut nichts mit Ihnen zu tun hat. Und das eigenwillige und aufdringliche Missionieren, das der Nazarener nie praktiziert hat, beschränkt sich offenbar nicht auf Kranke. Es sind Fälle bekannt geworden, in denen indische Kinder durch Zweigstellen des Mutter-Teresa-Ordens mit falschen Angaben zur Adoption vermittelt wurden. Erst Jahre später stellte sich dann heraus, dass es z.B. gar keine Waisenkinder waren oder die Mutter sie gar nicht zur Adoption freigegeben hatte. So wie im Fall der heute

21jährigen Anisha M. aus München, die nach 19 Jahren ihre Mutter wieder fand. Diese erzählte, dass man ihr seinerzeit als 17jähriger mittelloser Mutter, die die Entbindung im Krankenhaus der katholischen Nonnen nicht bezahlen konnte, einfach das Baby abgenommen hatte. [172]

Wobei der Hintergrund solcher Menschenverschiebungen gar nicht unbedingt finanzielle Bereicherung sein muss. Es geht möglicherweise auch darum, Kinder von Hindus oder Moslems in kirchliche Hände zu vermitteln – um sie dadurch vor der angeblich „ewigen Hölle" zu retten.

Den Nonnen geht es in Teresas Einrichtungen übrigens kaum besser als den Patienten. Auch sie müssen auf Privatsphäre verzichten, dürfen nur wenige Kleidungsstücke besitzen, keine Waschmaschinen benützen und schon gar keine Computer. Dafür dürfen sie dann öffentliche Verkehrsmittel besteigen, ohne zu bezahlen – denn auch das Bezahlen hat Teresa ihnen strikt untersagt. [173]

Die Welt will betrogen sein

Was für ein Gottesbild steht hinter all dem? Ist es nicht ein unheimlicher, strafender, unberechenbarer

Gott, der durch äußere „Opfer" und Entsagungen „gnädig" gestimmt werden soll? Mit dem liebenden Gott, den uns der Nazarener nahebrachte, hat dies nichts zu tun. Die äußere Religion, die die Kirche lehrt, wird hier geradezu auf die Spitze getrieben: Um Gott nahe zu kommen, muss der „Gläubige" angeblich auf möglichst viel Äußeres verzichten und möglichst viel leiden. „Sie war wie besessen vom Leid", sagt Aroup Chatterje, ein in Kalkutta aufgewachsener Arzt. [174] Kein Wunder, dass die Ordensgründerin selbst sich über Jahrzehnte in einer „schweren Glaubenskrise" befand, weil sie mit diesem düsteren Gottesbild selbst nicht zurecht kam. „In meinem Innern ist es eiskalt", schrieb sie in ihr Tagebuch. „Der Himmel bedeutet nichts mehr – für mich schaut er wie ein leerer Platz aus." [175] Wie so viele angeblich „Selige" oder „Heilige" war sie nicht nur Verbreiterin der ihr aufgenötigten mittelalterlichen Denkmuster, sondern zugleich auch deren Opfer.

Für die rasante Seligsprechung der albanischen Nonne durch Papst Johannes Paul II. im Oktober 2003, nur sechs Jahre nach ihrem Tod, fand sich natürlich rechtzeitig das obligatorische Heilungswunder – auch wenn indische Mediziner bezweifelten, dass eine 30-jährige Inderin just durch die „Fürsprache" Teresas von einem Tumor geheilt worden sei, dies vielmehr ganz banal auf Medikamente zurückführten.

Das eigentliche „Wunder" dieser Seligsprechung besteht jedoch darin, dass die so Geehrte in ihrem eigentlichen Wesen und Wirken bis heute nicht einmal ansatzweise erkannt wird, sondern weltweit noch immer unangefochten als „Ikone der Nächstenliebe" gilt. Gedankenlos wird es immer wieder nachgeplappert. Und 1979 erhielt sie sogar den Friedensnobelpreis. Diese erstaunliche Publicity-Leistung muss man der Vatikankirche erst einmal nachmachen. Dass der gelernte Schauspieler Karol Wojtyła diese Ehrung vollzog, ist kein Zufall – denn wer weiß besser als ein Schauspieler, dass die Welt betrogen sein will?

Karol Wojtyła:
Der Reaktionär auf dem Papstthron

Am 1. Mai 2010 war er dann selbst an der Reihe: Karol Wojtyła (polnische Aussprache: Woi-**tü**-wa), der als Papst Johannes Paul II. 26 Jahre lang an der Spitze der Vatikankirche gestanden hatte, wurde von seinem Nachfolger Joseph Ratzinger selig gesprochen – nur fünf Jahre nach seinem Tod, also noch schneller als Mutter Teresa. „Der Nachfolger spricht den Vorgänger selig", meinte dazu der Theologe Prof. Hans Küng. „Da geht es doch in Rom zu wie zu den Zeiten der Cäsaren, die den jeweils vorangegangenen Kaiser zum Gott erhoben! ... Vermutlich denkt der gegenwärtige Papst, wenn er seinen Vorgänger seligspricht, gerät all das Schlimme in Vergessenheit, was dieser Mann angerichtet hat." [176)]

Karol Wojtyła – Johannes Paul II. (1920-2005)

Ähnlich schroff urteilte der Religionswissenschaftler Prof. Hubertus Mynarek: „Wojtyła war, was die katholische Doktrin betrifft, ein total konservativer, reaktionärer Papst. Und genau das ist auch Ratzinger. Als Kirchenoberhaupt hat er den demokratie-, frauen- und sexualfeindlichen Kurs seines Vorgängers unbeirrbar verfolgt. Auch der Geheimbund Opus Dei, den Johannes Paul II. im Vatikan erst hoffähig gemacht hat, erfreut sich Benedikts höchsten Wohlwollens." [177)]

Die ursprünglich geplante „Doppelpack"- Lösung (wir erinnern uns: Pacelli und Wojtyła sollten gemeinsam seliggesprochen werden) hatte Joseph Ratzinger zwar aufgegeben. Doch er hatte sich statt dessen etwas Besonderes einfallen lassen: Mit verzückter Miene küsste er ein versilbertes Reliquiengefäß, das flüssiges Blut des soeben Seliggesprochenen enthält. Zuvor hatte allerdings sogar ein Jesuitenpater aus dem katholischen Polen gegen die Verwendung des Blutes als Reliquie protestiert, weil sie an „mittelalterliche Praktiken" erinnere. [178]

Der „Duft der Heiligkeit"

Doch das ist ja genau das Fluidum, auf das Ratzinger sich zubewegt. Schon bei der Trauerfeier im April 2005 sei der „Duft der Heiligkeit" zu spüren gewesen, schwärmte er. Schon damals waren Rufe laut geworden, diesen Papst möglichst rasch heiligzusprechen.[179] Hans Küng sieht das allerdings etwas nüchterner: „Dieses ‚Santo subito!' war doch von vorne bis hinten gesteuert. Ich habe die ‚spontanen' Transparente auf dem Petersplatz gesehen: alle fein säuberlich gedruckt. Das Ganze war eine Inszenierung konservativer bis reaktionärer katholischer Gruppierungen." [180]

Diese Inszenierung hatte bereits in den letzten Wochen und Monaten begonnen, in denen der polnische Papst noch lebte. Dem katholischen Journalisten und Buchautor Hanspeter Oschwald treibt dies noch Jahre später die Zornesröte ins Gesicht bzw. in die Feder: „Ich habe erlebt, wie aufrechte Katholiken die Medien kritisierten, weil sie beispielsweise die Leiden des Papstes Johannes Paul II. angeblich ausschlachteten.

Aber die Medien haben nichts aufgebauscht. Die unwürdige Zurschaustellung des kaum noch artikulierfähigen Papstes am Fenster seines Palastes war kalte Berechnung der Kurie. Ich habe noch nie eine schlimmere Missachtung der Würde eines alten Menschen erlebt. Doch dies hat der Vatikan zu verantworten, denn den Wojtyła-Effekt wollte die Kurie bis zuletzt nutzen." [181]

An diesem „Effekt" ist Karol Wojtyła, der schon als Student begeistert Theater spielte – stets natürlich die Hauptrolle [182] – keineswegs unschuldig. Auf die Frage, weshalb er nicht wegen seiner Krankheit zurücktrete, antwortete er: „Jesus ist ja auch nicht vom Kreuz gestiegen." [183] Das ist päpstliche Arroganz in Reinform: Der Oberpriester der heutigen Priesterkaste vergleicht sich mit dem Nazarener, den im übertragenen Sinne seine Vorgänger, die „Würdenträger" der damaligen Priesterkaste, an Kreuz nageln ließen. Wegen dieser Nägel konnte Er gar nicht „vom Kreuz steigen", wie Ihm der Pontifex so zynisch nahelegen will. Wojtyła hingegen konnte sich zumindest in einer Klinik behandeln lassen.

Die Seligsprechung war also gut vorbereitet. Für den Vatikan sind solche Ereignisse immer auch ein willkommener Anlass, die Kassen aufzufüllen. „Allein der Verkauf von Souvenirs soll einige Millionen in die Tresore des Vatikan spülen", schrieb das österreichische *Wirtschaftsblatt*. „Der Heilige Stuhl lockt aber nicht nur Pilger, sondern auch prestigereiche Sponsoren an, die mit dem Event gute Geschäfte oder gute Werbung machen wollen." [184] Andere zahlen zu lassen, gehört im Vatikan zur unveränderlichen Tradition – und das gilt nicht nur für die bis zu einer Million Pilger, die an der Seligsprechung teilnahmen. „Dem rechten Bürgermeister Gianni Alemanno wird wohl ein Stein vom Herzen gefallen sein, dass doch so viele Pilger gekommen sind. 3,5 Millionen Euro hat die chronisch defizitäre italienische Hauptstadt für die Seligsprechung bereitgestellt." [185]

Ein Politiker voller Widersprüche

Doch wir wollten ja auch die positiven Seiten sehen. „Ein Handwerker, der kürzlich meine Heizung reparierte", erzählt Hubertus Mynarek, „sagte zu mir, den Wojtyła-Papst dürfe man nicht kritisieren. Er habe schließlich den Kommunismus besiegt." Und Mynarek weist darauf hin: „Es ging ihm [Wojtyła] dabei nicht um christliche Erbauung, sondern um den Sturz von Regierungen." [186] Dazu hat der Papst ohne Zweifel einiges beigetragen – wobei wir getrost außer Acht lassen können, dass die Mauer um die maroden Regime des Ostblocks bereits brüchig war und früher oder später wohl ohnehin zusammengebrochen wäre. Die Frage ist vielmehr, und Mynarek stellt sie zurecht: Was kann die rhetorische und vor allem auch finanzielle Unterstützung eines politischen Aufstands, so erfolgreich sie am Ende gewesen sein mag, mit einer Seligsprechung zu tun haben?

Gerade die politische Ausrichtung und Betätigung von Papst Wojtyła steckt schließlich voller Widersprüche. Während er selbst aktiv in den Kampf gegen das kommunistische Regime Polens eingriff und auch den polnischen Klerus dazu ermutigte, untersagte er andererseits den Befreiungstheologen Lateinamerikas, die sich für mehr Gerechtigkeit und bessere Lebensbedingen für die Armen einsetzten, jegliche politische Betätigung. Er überzog sie zudem mit menschenverachtenden Unterwerfungsforderungen und demütigenden Lehrverboten.

Diesbezüglich waren Papst Wojtyła und sein inquisitorischer „Glaubenswächter" Joseph Ratzinger ein Herz und eine Seele. Und der bekannteste der solchermaßen Abgestraften, Pater Leonardo Boff, hatte sicher beide im Blick, als er schrieb: „Die subjektive Erfahrung, die ich in diesem 20jährigen Ringen mit der Lehrautorität gemacht habe, ist diese: Sie ist grausam und unbarmherzig. Sie vergisst nichts, sie verlangt alles. Jede erforderliche Zeit und alle nötigen Mittel werden eingesetzt, um das Ziel zu erreichen: nämlich die Gleichschaltung der theologischen Intelligenz." [187]

Gutes Einvernehmen unter Diktatoren

In einem ökumenischen Aufruf wiesen 350 Theologen, Politiker und andere Prominente kurz vor der Seligsprechung Karol Wojtyłas darauf hin, dass ein Befreiungstheologe, der wegen seiner Überzeugungen ermordet wurde, seit nunmehr 31 Jahren auf eine Seligsprechung warte: Oscar Romero, Erzbischof von San Salvador. Er wurde 1980, während er die Messe hielt, von einem rechtsgerichteten Killerkommando erschossen. Und nicht nur das: Papst Wojtyła, so der Vorwurf der Unterzeichner, hätte ihn davor bewahren können. Doch 1979 habe Romero bei einer Audienz in Rom kein Gehör gefunden. Danach sei jedermann klar gewesen, dass der Papst keinen Finger für ihn krumm machen würde.

Papst Johannes Paul habe die Armen in Lateinamerika „regelrecht verraten", so der CDU-Politiker und Katholik Heiner Geißler. [188] Doch El Salvador ist keineswegs das einzige Beispiel für die Unterstützung brutaler Militärdiktaturen durch den Vatikan unter

Wojtyłas Ägide. Das Haiti der Duvaliers (1957-1986) etwa konnte sich des Wohlwollens des Papstes ebenso sicher sein wie das Chile General Pinochets (1973-90) oder das Argentinien General Videlas (1976-83). Katholische Priester dienten in Folterkellern als „Beichtväter" und spendeten z.B. auch argentinischen Soldaten „Trost", nachdem diese zuvor betäubte Regimegegner über dem Meer aus dem Flugzeug geworfen hatten. Auf diesen Todesflügen wurden – mit dem Segen der der Kirche – bis zu 2000 Regimegegner ermordet; insgesamt brachte das Regime bis zu 30.000 Menschen um. [189)]

Wesentlich mehr Menschen starben 1994 in Ruanda, als fanatisierte Hutus einen regelrechten Völkermord an 800.000 Tutsis verübten. Die katholische Kirche, der die überwiegende Mehrheit der Ruander angehört, wäre die einzige Institution gewesen, die das Blutbad hätte verhindern können. Doch: „Die meisten ihrer Priester und Nonnen hatten 1994 bei dem Blutbad teilnahmslos zugesehen oder gar den Mördern geholfen" berichtet der Spiegel. „Zeugen beschuldigen heute Priester und Nonnen der katholischen Kirche, den Völkermord an den Tutsi unterstützt zu haben. ... Zwischen dem 7. April und dem 4. Juli wurden in 160 Kirchen Tutsi niedergemetzelt, die in die vermeintlichen sicheren Sanktuarien geflohen wa-

ren. ... Heute leben die Beschuldigten hinter Kloster-
mauern in Belgien, leiten Ordenshäuser in Frankreich,
studieren Theologie an päpstlichen Universitäten oder
predigen Nächstenliebe und Vergebung in italienischen
Kirchen." [190)]

Selbst wenn der Papst nichts davon gewusst haben
sollte, was sich da in einem der katholischsten Länder
Afrikas zusammenbraute – weshalb hat er nicht wenigstens danach für eine schonungslose Aufklärung
der Mittäterschaft seiner Kleriker gesorgt? Doch die
Frage stellen heißt sie beantworten: Vertuschung und
Omertà gehörten zu den Grundzügen dieses Pontifikats – so wie sie seit alters her zu den festen Traditionen des Vatikans gehören.

Vertuschung von Sexualverbrechen

Dass Papst Johannes Paul II. es war, der die Um-
triebe des mutmaßlichen Kinderschänders und Hoch-
staplers Pater Marcial Maciel Degollado deckte, der
nähere Untersuchungen und geeignete Maßnahmen
gegen ihn verhinderte, wurde bereits erwähnt. „An die
30 Fälle von Minderjährigen sind bekannt, die er missbraucht und vergewaltigt haben soll, unter ihnen auch
seinen eigenen Sohn", so der Stern. [191)] Der mexikani-
sche Pater trat unter unterschiedlichen falschen Na-

men als Geschäftsmann auf und zeugte mit zwei verschiedenen Frauen mindestens drei Kinder. Während die Mitarbeiter des von ihm gegründeten Ordens der „Legionäre Christi" zum strengen Sparen angehalten wurden, ließ sich der aus begütertem Hause stammende Ordensobere regelmäßig größere Bargeldbeträge aushändigen, „ohne Quittung", wie sein ehemaliger Finanzchef berichtet. [192]

Doch Papst Wojtyła schätzte den Pater sehr, obwohl die Kunde von seinen Umtrieben längst den Vatikan erreicht hatte. Der Mexikaner hatte immerhin eine der zahlreichen katholischen „Erweckungsbewegungen" ins Leben gerufen, die Tausende von Menschen in ihren Bann ziehen – und er verstand es, Geld zu scheffeln. „Die Legionäre stiegen .. neben dem Opus Dei zu einer der potentesten Organisationen und Geldgeber im Kurienapparat auf", schreibt Hanspeter Oschwald. [193] Noch kurz vor seinem Tod, im November 2004, lud Wojtyła den obersten „Legionär" samt 4000 seiner Anhänger zu einer feierlichen Sonderaudienz in den Vatikan ein, bei der er Maciel anlässlich des 60. Jahrestags seiner Priesterweihe segnete.

Maciel ist kein Einzelfall. Der Wiener Kardinal Hans Hermann Groer etwa musste wegen der ihm zur Last gelegten Kinderschänderverbrechen zwar 1995 zurücktreten, wurde aber nie belangt. Der Theologe Hans Küng ist überzeugt, dass der damalige Papst dafür verantwortlich war – und Groers Nachfolger in Wien, Kardinal Christoph Schönborn, ging immerhin soweit, Wojtyłas damalige rechte Hand, Kardinalstaatssekretär Angelo Sodano, zu bezichtigen, weitere Ermittlungen gegen Groer verhindert zu haben. [194]

Doch die Liste der von Wojtyła gedeckten Kinderschänder und Vertuscher von Sexualverbrechen ist noch länger. Der Kardinal von Boston, Bernard Francis Law etwa, der 2004 zurückgetreten war, weil er zahlreiche Missbrauchsfälle in seiner Diözese vertuscht hatte, wurde anschließend in allen Ehren zum Erzpriester der Basilika Santa Maria Maggiore in Rom berufen. Oder nehmen wir den Erzbischof von Posen, Juliusz Paetz, der 2002 zurücktreten musste, weil er Seminaristen belästigt hatte – er wurde seinerseits von seiner Kirche nicht weiter belästigt. Auch das kirchenrechtliche Verfahren gegen den US-amerikanischen Priester Lawrence Murphy, der nach eigener Aussage 200 Kinder missbraucht hatte, unter anderem in einer Gehörloseneinrichtung, wurde vom Vatikan 1998 einfach eingestellt.

Besonders entlarvend ist der Fall des französischen Bischofs Pierre Pican aus Bayeux. Dieser wurde 2001 zu drei Monaten Gefängnis auf Bewährung verurteilt, weil er den sexuellen Missbrauch an Kindern durch den Diözesanpriester René Bissey nicht angezeigt hatte. Daraufhin dankte der Präfekt der vatikanischen Kongregation für den Klerus, Kardinal Darío Castrillón Hoyos, dem verurteilten Bischof in einem Brief, dass er „das Gefängnis dem Verrat an einem Priesterbruder vorgezogen" habe. Als dieser Brief im Jahr 2010 bekannt wurde, erklärte Hoyos: „Der Heilige Vater [Johannes Paul II.] gestattete mir, diesen Brief an alle Bischöfe weltweit zu versenden und ihn auch im Internet zu veröffentlichen." [195)]

Hier wird also die Vertuschung ausdrücklich zur vatikanischen Verhaltensmaxime geadelt. Und das betrifft selbstredend auch den damaligen Kardinal Ratzinger, der als Leiter der Glaubenskongregation für alle Pädokriminellen von Priestern zuständig war und, wie bereits erwähnt, im Jahr 2001 das „päpstliche Geheimnis" für alle klerikalen Kinderschänderverbrechen ausdrücklich erneuerte.

Die Vatikanbank
darf ungestört im Trüben fischen

Unter die von Karol Wojtyła so sorgfältig geübte päpstliche Omertà fielen auch die skandalösen Vorgänge um die Vatikanbank. Johannes Paul II. war es, der dem Leibwächter Pauls VI., einem gewissen Paul Marcinkus, eine einzigartige Karriere als „Bankier Gottes" ermöglichte – und der dann, als die dunklen Geschäfte, in die jener verwickelt war, teilweise aufflogen, dafür sorgte, dass sein Schützling im Vatikan vor der Strafverfolgung italienischer Behörden sicher war. Zuvor hatte er den Geschäftsführer der – 1942 von Pius XII. gegründeten – Vatikanbank gewähren lassen, als dieser im großen Stil Geldwäsche betrieb, unter anderem von Mafiageldern, und sich dabei mit dem Mafia-Banker Michele Sindona verbündete. Später, als „geschäftliche Probleme" auftraten, ließen Marcinkus und sein päpstlicher Chef den zum „Problemfall" gewordenen Sindona ebenso fallen wie später den Bankier Roberto Calvi. Beide, die für die dunklen Geschäfte des Vatikan unermüdlich tätig gewesen waren, wurden daraufhin ermordet. Statt den Skandal aufklären zu lassen, wollte Wojtyła Marcinkus sogar noch zum Kardinal ernennen. [196)]

Später, im Sommer 1996, ließ er dann die vatikanische Hauszeitung, den Osservatore Romano, scharfe Attacken gegen Italiens erfolgreichsten Antikorruptionsstaatsanwalt führen: Antonio di Pietro. Und das, so schreibt Mynarek, gerade *weil* er so erfolgreich war: „Da mussten es der Papst und sein oberstes Finanz-

und Verwaltungsgremium doch mit der Angst zu tun bekommen. Denn wo die Mafia und Geldfreunde sind, da ist auch der Vatikan nicht weit. ... Dem Papst war klar: Wer im öffentlichen Dienst Italiens gegen die Korruption auf allen Ebenen vorgeht, stößt unvermeidlich auch auf schmutzige Geschäfte des Vatikans." [197)]

„Erbarmungslose Heuchelei"

Di Pietro kam zwar nicht mehr dazu, den Vatikan genauer unter die Lupe zu nehmen – er hatte sich in aufreibenden Kämpfen mit Regierungschef Silvio Berlusconi verschlissen. Doch auch so wurden genügend Skandalgeschichten bekannt, die ein bezeichnendes Licht auf das Verhältnis des Wojtyła-Papstes zu Reichtum und Macht werfen. So ließ er etwa den Erzbischof von Chicago, John Patrick Cody, gewähren, obwohl dieser bekanntermaßen eine „kreative Buchführung" praktizierte, die es ihm erlaubte, „Millionen für sich selbst und seine Geliebte abzuzweigen. Dieser hatte Grund und Boden in Florida und eine lebenslange Rente aus Diözesangeldern beschafft. ... So gebot Erzbischof Cody nach sicheren Schätzungen mindestens über Einkünfte von mehr als 250 Millionen Dollar im Jahr und über ein Gesamtvermögen von über einer Milliarde Dollar. Beides sah er als seine persönliche Habe an, und deshalb konnte er auch, wie gesagt,

Beträge in Millionenhöhe für sich und seine Lebensgefährtin abzweigen." [198]

Der Papst hielt seine Hand also über einen Bischof, der sogar die Frechheit besaß, seine Lebensgefährtin mit zur Kardinalsernennung zu bringen. Er deckte ihn – offenbar, weil dieser Kirchenfürst vom Ertrag seiner Machenschaften genügend große Teilbeträge auch in den Vatikan abzweigte. Und derselbe Papst fand auch nichts dabei, im September 1990 in die Elfenbeinküste zu reisen und dort in Yamoussoukro eine extra für ihn erbaute überdimensionierte Prunkbasilika, größer als der Petersdom und mit dreimal so viel Glasfensterfläche wie die Kathedrale von Chartres, als „Geschenk" (!) des Diktators Félix Houphouët-Boigny anzunehmen.

Die weltgrößte (!) Kirche rottet inzwischen vor sich hin – als Denkmal für einen Papst, der wenige Monate vor diesem denkwürdigen Staatsbesuch noch verkündet hatte: „Die Welt muss wissen, dass Afrika in Armut versinkt.' Wer unsensibel für diese Not und unsolidarisch mit ihr sei, mache sich der ‚brudermörderischen Verelendung' schuldig. Kann die erbarmungslose Heuchelei", fragt Hubertus Mynarek, „die Diskrepanz zwischen Wort und Praxis eines Oberhirten überhaupt noch größer sein?" [199]

Lateinamerika:
„Ein Papst reist zum Tatort"

Die Diskrepanz zwischen schönen Worten und der weniger schönen Realität der historischen Tatsachen zeigte sich in besonders drastischer Weise, als der polnische Papst im Jahr 1992 Lateinamerika besuchte – 500 Jahre nach Kolumbus. Er erwähnte zwar die „gewaltsamen Züge" der Eroberung eines ganzen Kontinents, die zu verurteilen seien, sprach jedoch im selben Atemzug von einer „bewundernswerten Evangelisierung", die zu einer „Ausweitung der Heilsgeschichte" beigetragen habe, weshalb es sich letztlich um eine „glückliche Schuld" handle. [200)]

Wohlgemerkt: Bei dieser „Heilsgeschichte" kamen bis zu 100 Millionen Indianer und Indios ums Leben, oft auf grausamste Weise.

Das hinderte das Oberhaupt der Vatikankirche jedoch nicht, bereits bei seiner ersten Lateinamerikareise im Januar 1979, seiner ersten Auslandsreise überhaupt, vom „Werk" der „ersten Glaubensboten" auf diesem Kontinent zu sprechen, das „wir ... heute nur mit Bewunderung und Dankbarkeit betrachten" könnten – denn sie kamen, so der Papst, „um die Würde der Eingeborenen zu verteidigen, für ihre unantastbaren Rechte einzutreten" sowie „das Reich Gottes ... bei euren Vorfahren präsent zu machen." [201]

In Wahrheit waren es nur vereinzelte Stimmen, die sich gegen den „größten Völkermord aller Zeiten" (so der Theologe Leonardo Boff) [202] erhoben. Und sie konnten nichts daran ändern, dass die katholischen Eroberer die nach katholischer Lehre „Ungläubigen" erschlugen, zerstückelten, langsam zu Tode rösteten oder von eigens abgerichteten Hunden zerreißen ließen, um nur einige der gängigen Todesarten zu nennen. Und was sagte der Papst? „Hier wurde unter Schwierigkeiten und Opfern Schönes erreicht." [203] In seinem Buch „Memento" hat Karlheinz Deschner diese und weitere Aussagen des Papstes den Augenzeugenberichten der damaligen Schlächtereien direkt gegenübergestellt. „Ein Papst reist zum Tatort" – so hieß der erste Abdruck dieser eindrücklichen Lektüre (1981).

Vergebungsbitte:
„Billige Schmierenkomödie"

Aber hat Johannes Paul II. später nicht umgedacht und zur Jahrtausendwende für die Fehler der Kirche um Vergebung gebeten? Wir wollten ja auch das Positive berücksichtigen!

Es gehörte zur durchaus erfolgreichen PR-Strategie des „großen Kommunikators" Wojtyła, genau diesen Eindruck zu erwecken – jedoch ohne es tatsächlich getan zu haben. Denn was geschah genau am Aschermittwoch des Jahres 2000? Wer genauer hinsieht, stellt ernüchtert fest: Der Papst und seine Kardinäle haben lediglich „bedauert", dass z.B. „die Christen bisweilen Methoden der Intoleranz zugelassen haben." Oder dass „Menschen der Kirche ... mitunter auf Methoden zurückgegriffen haben, die dem Evangelium nicht entsprechen." [204]

„Menschen der Kirche"?! In Wahrheit waren es doch die Päpste selbst, die Inquisition, Hexenverbrennung, Kreuzzüge und vieles mehr zu verantworten haben – und ihre unmittelbaren Vertreter haben das Unrecht nicht „zugelassen", sondern in den meisten Fällen selbst angeordnet und ausgeführt. Davon ist in dem angeblichen „Schuldbekenntnis zur Jahrtausendwende" jedoch keine Rede. Echte Reue sieht anders aus – von Wiedergutmachung ganz zu schweigen.

Der Jurist und Schriftsteller Herbert Rosendorfer kommt in seiner „Deutschen Geschichte" ebenfalls auf das Aschermittwochs-Schauspiel zu sprechen: „Wen aber bat der Papst um Entschuldigung? Die gemarterten ‚Ketzer'? Den lebendig verbrannten Giordano Bruno etwa? Nein, der Papst, gehüllt in einen bestechend schönen Designer-Umhang, kniete sich hin und küsste einen kreuzförmigen Holzfetisch und bat *Gott* um Entschuldigung ... Was er mit seiner ‚Entschuldigung' gemacht hat, war eine billige Schmierenkomödie, an Lächerlichkeit nicht zu überbieten. Wäre es dem Papst ernst, wirklich ernst mit dem Bedürfnis nach Entschuldigung, müsste er den Petersdom zusperren, die Cardinäle entlassen, das letzte Mal auf den Balkon treten und *ex cathedra* verkünden: ‚Schluss, aus, die katholische Kirche ist hiermit aufgelöst. Danke und noch einen schönen Tag.'" [205)]

Nur am Rande sei erwähnt, dass der schlaue Pontifex auch den Astronomen Galileo Galilei nicht, wie immer angenommen wird, im November 1979 „rehabilitiert" hat – also 346 Jahre nach dessen Verurteilung durch die Inquisition. Nein: Er hat lediglich angekündigt, man werde „die Überprüfung des Falles Galilei vertiefen" (was auch immer das bedeuten soll), und zwar „in aufrechter Anerkennung des Unrechtes, von welcher Seite es auch immer gekommen sein mag ..." [206)]

Wie lange diese „vertiefte Überprüfung" dauern soll, sagte der Papst nicht. Vielleicht noch mal 346

Jahre? Und: „...von welcher Seite auch immer ..." Gerade in solchen Nebensätzen zeigt sich die ganze Gerissenheit eines Schauspieler-Theologen, der fast die gesamte Weltöffentlichkeit über den Tisch zog wie ein Versicherungsvertreter, der seine Versprechungen gegenüber den Kunden mit dem Kleingedruckten wieder ins Leere laufen lässt. „...von welcher Seite auch immer ..." – etwa von Seiten Galileis?!

Opus Dei: Eine Hand wäscht die andere

Wen Papst Wojtyła jedoch nicht ins Leere laufen ließ, das war der einflussreiche und wegen seiner reaktionären Ansichten berüchtigte katholische Geheimbund Opus Dei („Werk Gottes"). Bereits als Erzbischof von Krakau hatte Wojtyła „enge Kontakte" zu ihm unterhalten – und „der Zuwachs an innerkirchlicher Macht für Opus Dei, das Johannes Paul II. systematisch förderte, beweist, dass auch die Opus-Dei-Mitglieder und -Sympathisanten unter den den Papst wählenden Kardinälen für Wojtyła gestimmt haben müssen", so Hubertus Mynarek. [207] 1928 in Spanien gegründet, kollaborierte diese Organisation nach dem Spanischen Bürgerkrieg „auf die denkbar effektivste Weise mit dem faschistischen Franco-Regime". [208] Papst Pius XII. erkannte 1950 das Opus als „Säkularinstitut" an – und Johannes Paul II. erhob es 1982 sogar zur „Personal-prälatur". Dies bedeutet, dass der gesamte Orden (kirchenintern auch als „Oktopus Dei" bekannt) der Kontrolle der jeweiligen Diözesanbischöfe weitge-hend entzogen ist und im Grunde nur dem Papst untersteht. Und der sprach dann zehn Jahre später, im Mai 1992, den Gründer des „Opus", Josemaria Escrivà de Balaguer (1902-75) selig und 2002 sogar heilig.

Zu den katholischen „Heiligen" gehört also dank Wojtyła auch ein Mann, der als Maxime seines Ge-heimbunds „heilige Unnachgiebigkeit, heiligen Zwang, heilige Unverschämtheit" propagierte und von seinen Untergebenen absoluten Gehorsam mit den Worten einforderte: „Vergiss nicht, was du bist ..., ein Kehrichteimer ... Weißt du nicht, dass du ein Eimer für Abfälle bist... Du bist schmutziger, herab-gefallener Staub." [209] Eine Einstellung, mit der er wohl tatsächlich gut in den katholischen „Himmel" hineinpasst.

So wie auch Wojtyła selbst, der in einer von ihm selbst unterzeichneten Neufassung des *Codex Iuris Canonici* im Jahr 1983 den absoluten Gehorsam ge-genüber der Kirche noch einmal ausdrücklich zur ers-ten Katholikenpflicht erhob: „Was die geistlichen Hirten in Stellvertretung Christi als Lehrer des Glaubens erklären oder als Leiter der Kirche bestimmen, haben die Gläubigen ... in christlichem Gehorsam zu befolgen" (Can. 212, §1). Was natürlich für die Priester noch einmal gesteigert wird: „Die Kleriker sind in besonderer Weise verpflichtet, dem Papst und ihrem Ordinarius Ehrfurcht und Gehorsam zu erweisen." (Can. 273) [210]

Mit Christus, der als Jesus von Nazareth den freien Willen jedes Menschen achtete, hat das allerdings nicht das Geringste zu tun. „Wer es fassen kann, der fasse es", sagte der Nazarener (Mt 19,12). Und man kann ergänzen: „Wer es lassen will, der lasse es!"

Papst Wojtyła hingegen, so analysiert Hubertus Mynarek, „attestiert dem Menschen Verstandes- und Willensschwäche als Folge der Erbsünde. Somit ist die eigenständige ethische Tat aus sich heraus von vornherein zum Scheitern verurteilt." [211] Folgerichtig wertet der polnische Papst auch das Gewissen ab: „Die ,Auffassung vom sittlichen Gewissen als ,schöpferische Instanz ...entfernt sich von der überlieferten Position der Kirche und ihres Lehramtes'. ... , Das Gewissen ist keine autonome und ausschließliche Instanz, um zu entscheiden, was gut und was böse ist ...'" [212]

Höllenfurcht und Drohbotschaft

Um diesen absoluten Gehorsam des Menschen gegenüber der Kirche zu erzwingen, hat es sich der Papst „nicht nehmen lassen, die Lehre von der Hölle in seinem Pontifikat zu erneuern und wieder kraftvoll ins Bewusstsein der Gläubigen zu rücken." [213] In dem von ihm 1992 herausgegebenen (und hauptsächlich von Kardinal Ratzinger verfassten) Katechismus der Vatikankirche besteht er darauf, „dass es eine Hölle gibt und dass sie ewig dauert. Die Seelen derer, die im Stand der Todsünde sterben, kommen sogleich nach dem Tod in die Unterwelt, wo sie die Qualen der Hölle erleiden, ‚das ewige Feuer'". (Randnr. 1035) Die Steigerung des Bösen, das „noch ursprünglichere Böse", so der Pontifex, bestehe darin, dass sich Gott dem Menschen verweigert, dass er ihn auf Ewigkeit verdammt als Folge davon, dass der Mensch sich Gott verweigert hat". [214]

Damit verbreitet dieser Papst erneut das schreckliche Gottesbild eines angeblich strafenden und zornigen Gottes, das mit dem Gott der Liebe, den Jesus zärtlich „Vater" nannte, nichts zu tun hat. Die „Kultur des Todes", die dieser Papst in theatralischer Weise anzuprangern pflegte – er propagierte sie in Wahrheit selbst. Dazu gehört auch, dass er in seinem Katechismus Tiere und Pflanzen, die gerade heute unter der Tyrannei und Unbarmherzigkeit des Menschen unsäglich zu leiden haben, äußerst abfällig behandelt: „Tiere, Pflanzen und leblose Wesen sind von Natur aus zum gemeinsamen Wohl der Menschheit von gestern, heute und morgen bestimmt." (Randnr. 2415) „Gott hat die Tiere unter die Herrschaft des Menschen gestellt ... Somit darf man sich der Tiere zu Ernährung und zur Herstellung von Kleidern bedienen. ... Medizinische und wissenschaftliche Tierversuche sind in vernünftigen Grenzen sittlich zulässig ..." (2417)

Kein Wort davon, dass der Geist Gottes die gesamte Natur beatmet – diese Auffassung hat die Kirche ja auch über Jahrhunderte als „pantheistische Ketzerei" verdammt und nicht selten mit dem Tode bestraft. Die ganze Arroganz einer verknöcherten und kaltherzigen Priesterkaste gegenüber Gottes Schöpfung verdichtet sich jedoch in dem Satz: „Man darf Tiere gern haben, soll ihnen aber nicht die Liebe zuwenden, die einzig Menschen gebührt." (2418)

Wenn sie dann wenigstens gegenüber ihren Mitmenschen „die Liebe" zeigen würden – vor allem gegenüber jenen, die ihren Glauben nicht teilen und sich ihnen nicht bedingungslos unterwerfen wollen!

Gegenüber den Opfern klerikaler Sexualverbrechen. Oder auch „nur" denen gegenüber, die ein anderes Geschlecht haben. Es blieb Papst Johannes Paul II. vorbehalten, „den Ausschluss der Frauen vom Priesteramt zu einem **unfehlbaren** Bestandteil des DEPOSITUM FIDEI, des Offenbarungsschatzes der Kirche gemacht zu haben, so ‚dass sich alle Gläubigen der Kirche endgültig an diese Entscheidung zu halten haben.'" [215]

Jesus von Nazareth hat nie Priester eingesetzt. Er hat die Frauen als gleichberechtigt angesehen und behandelt. Folgerichtig waren im Urchristentum Frauen unter anderem Leiterinnen von Hausgemeinden und Prophetinnen. Die Kirche hat auch in diesem Punkt das Urchristentum in sein Gegenteil verkehrt und die Frauen ausgegrenzt, unterdrückt und ausgebeutet.

„Totale Diktatur"

Doch immer weniger Frauen lassen sich das heute noch gefallen. Uta Ranke-Heinemann etwa, katholische Theologieprofessorin im Unruhestand, sagt über den seligen Karol: „'Der Totalitätsrausch der Päpste hat sich bei Johannes Paul II. zum geistigen Delirium gesteigert.' Der Papst halte ‚sich für derartig unfehlbar, dass man auch seine nicht-unfehlbaren Sätze akzeptieren muss'. Seit 1983, seit der Neufassung des kirchlichen Gesetzbuches, seien die Katholiken verpflichtet, auch die gesamte päpstliche Zölibats-, Pillen- und Kondomtheologie mit ,Verstandes – und Willensgehorsam' zu akzeptieren.'" [216)]

Wobei – kleine Fußnote – die zu Recht umstrittene „Pillenenzyklika" Papst Pauls VI. aus dem Jahr 1968 mit großer Wahrscheinlichkeit vom damaligen Krakauer Erzbischof Kardinal Wojtyła verfasst wurde. [217)]

Noch einmal Uta Ranke-Heinemann: „In einer normalen Diktatur darf man nicht sagen, was man denkt und was man will, aber hier muss man denken und wollen, was man nicht denkt und nicht will. ... Und das Ganze unter Androhung einer ,gerechten' Strafe. Das ist die totale Diktatur. Das ist nicht Gehirnwäsche, das ist Gehirnamputation." [218)]

Und der oberste Repräsentant dieser „totalen Diktatur" gilt ab 1. Mai 2011 als „selig". Man ahnt jetzt vielleicht, weshalb. Aus demselben Grund, weswegen auch sein Vorgänger Pius XII. unbedingt „selig" werden soll: Sie haben den absoluten Machtanspruch der Vatikankirche, jeder auf seine Weise, weiter ausgebaut.

Eine Seligsprechung hat aber nicht nur die Funktion, die auf diese Weise Gelobten zu „Vorbildern" für alle Katholiken zu ernennen. Sie hat gleichzeitig den Vorteil, dass alle kritischen historischen Tatsachen, wie sie in diesem Buch exemplarisch aufgeführt wurden, postwendend unter den Teppich gekehrt werden sollen – unter den Teppich eines neuen „Heiligen-Mythos", wie es sie in der Kirche zu Tausenden gibt.

„Über die Sünden von Heiligen spricht man nicht in der katholischen Kirche. Selig, heilig, Deckel drauf", schreibt der Journalist Hanspeter Oschwald. [219] Doch er fügt hinzu: „Das funktionierte in vergangenen Jahrhunderten, heute aber nicht mehr. Im Gegenteil."

Heute hinterfragen immer mehr Menschen die Behauptungen und Beschönigungen, die ihnen von der Kirche vorgesetzt werden. Und sie recherchieren selbst. Die Konstruktion neuer „Heiligen"-Legenden wird immer schwieriger. Und das ist auch gut so.

Wer kann uns z.B. beweisen, ob Eugenio Pacelli „selig" ist oder nicht? Vielleicht jeder von uns selbst – wenn wir als Seele dereinst nach dem Leibestod in die jenseitige Welt gelangen und dort eine armselige Seele sehen, die schwer daran zu tragen hat, was sie anderen zugefügt hat. Das könnte er dann sein.

*Jesus von Nazareth, der große Menschheitslehrer, hat hingegen keine „Seligsprechungen" vorgenommen. Er hat statt dessen in Seiner Bergpredigt **Seligpreisungen** ausgesprochen, die an alle Menschen gerichtet sind, gleich welcher Konfession oder Hautfarbe sie auch sein mögen.*

Anmerkungen

1) „Fiction Rai su Pio XII, è polemica", La Repubblica, 1.11.2010
2) Klaus Kühlwein: „Die Legende vom Retter der Juden", Frankfurter Rundschau, 14.12.10
3) Südtirol online, 8.11.2008.
4) John Cornwell, „Der Papst, der geschwiegen hat", S. 10f.
5) Karlheinz Deschner, „Mit Gott und den Faschisten", S. 257
6) Hubertus Mynarek, „Verrat an der Botschaft Jesu", S. 39f.
7) John Cornwell, a.a.O., S. 33, 35
8) Hubertus Mynarek, "Papst-Entzauberung", S. 17
9) John Cornwell, a.a.O., S. 38
10) ebenda, S. 51
11) ebenda, S. 49
12) "Wer sitzt auf dem Stuhl Petri?", Band 2, S. 41
13) Karlheinz Deschner, „Die Politik der Päpste im 20. Jahrhundert", Teil 1, S. 178
14) Hubert Wolf, „Papst und Teufel", S. 45
15) Cornwell, a.a.O., S. 61
16) Deschner, "Die Politik …", Teil 1, S. 176
17) Cornwell, a.a.O., S. 73
18) Deschner, a.a.O., S. 163f.
19) Cornwell, a.a.O., S. 62f.
20) Ebenda, S. 63
21) Frankfurter Allg. Sonntagszeitung, 24.1.2010
22) Karlheinz Deschner, "Die beleidigte Kirche", S. 42f.
23) Deschner, „Die Politik der Päpste ...", Teil 1, S. 413
24) ebenda, S. 415
25) ebenda, S. 349
26) ebenda, S. 416
27) Hubertus Mynarek, „Der polnische Papst", S. 93
28) John Cornwell, „Der Papst, der geschwiegen hat", S. 107
29) Walter Löhde, „Das päpstliche Rom und das deutsche Reich", S. 246
30) Deschner, „Die Politik der Päpste...", Teil 1, S. 322
31) ebenda
32) ebenda, S. 326
33) Neuner/Roos, „Der Glaube der Kirche in den Urkunden der Lehrverkündigung", Randnummer 394
34) Dostojewski, „Der Großinquisitor", Insel-Bücherei 1966, S. 12f., 31
35) Deschner, „Die Politik der Päpste...", Teil 1, S. 328
36) ebenda, S. 342

37) Radio Vatikan online, 17.12.2010
38) Hanspeter Oschwald, Pius XII. – Der letzte Stellvertreter", 124 f.
39) John Cornwell, „Der Papst, der geschwiegen hat", S. 158
40) Deschner, a.a.O., S. 435
41) Cornwell, a.a.O., S. 167
42) Deschner, a.a.O., S. 436
43) Cornwell, a.a.O., S. 169
44) ebenda, S. 184
45) Deschner, a.a.O., Teil 2, S. 202
46) Cornwell, a.a.O., S. 11
47) Akten Deutscher Bischöfe über die Lage der Kirche 1933-1945, Teil I,
    Mainz 1968, S. 259, Anm. 17
48) Protokoll der Besprechung im Ministerium für Wissenschaft, Kunst und
    Volksbildung; Ev. Zentralarchiv, 7 / Generalia XII. Nr. 161
49) Vgl. hierzu: www.spart-euch-die-kirche.de
50) „Der Austrofaschismus – ein Klerikalfaschismus?", in: Gedenkdienst,
    Ausg. 2/04, www.gedenkdienst.at
51) ebenda
52) ebenda
53) Deschner, a.a.O., S. 487
54) ebenda, S. 525
55) „Gedenkdienst", 2/04
56) Süddeutsche Zeitung, 22.1.2011
57) Karlheinz Deschner, „Abermals krähte der Hahn", 3. Aufl. btb 1996, S. 598
58) derselbe, „Die Politik der Päpste ...", Teil 1, S. 503
59) ebenda
60) Wikipedia, „Italienisch-Äthiopischer Krieg", Stand: 25.10.2011
61) Deschner, a.a.O., S. 503
62) ebenda, S. 506
63) ebenda, S. 508 ff.
64) ebenda, S. 509
65) CEDA = Confederación Española de Derechas Autónomas
    (Spanisches Bündnis unabhängiger Rechtsparteien)
66) Deschner, a.a.O., S. 519
67) ebenda, S. 520
68) (http://lascrucesdelasespadas.blogspot.com/2010/12/
    franco-y-la-iglesia-catolica.html)
69) Deschner, a.a.O., S. 534
70) ebenda, S. 526
71) ebenda
72) Martin Baxmeyer, „Die ‚Affaire Polanco'", in: Graswurzelrevolution, 6. 2006

73) Deschner, a.a.O., S. 522
74) ebenda
75) ebenda, S. 524
76) ebenda, S. 537
77) Geo, Ausgabe 10/2010, S. 106
78) Deschner, a.a.O., S. 536
79) ebenda, Teil 2, S. 18
80) ebenda, S. 19
81) ebenda, S. 25
82) ders., „Opus diaboli", S. 167f.
83) ders., « Die Politik der Päpste ...", Teil 2, S. 29f.
84) ebenda, S. 31
85) ebenda, S. 31f.
86) Neuner/Roos, „Der Glaube der Kirche in den Urkunden der Lehrverkündigung", Randnummer 382
87) Deschner, a.a.O., S. 34
88) Deschner, a.a.O., S. 41
89) ebenda, S. 49
90) ebenda, S. 39
91) ebenda, S. 164
92) ebenda, S. 167
93) ebenda, S. 150
94) ders., „Abermals krähte der Hahn", 3. Aufl. btb 1996, S. 647
95) ders., „Die Politik ...", Teil 2, S. 148
96) ebenda, S. 203
97) ebenda, S. 581
98) ebenda, S. 100
99) ebenda, S. 178 f.
100) ebenda, S. 213
101) ebenda, S. 219
102) Julia Gorin, „Mass Grave of History", Jerusalem Post, 22.2.2010
103) Deschner, a.a.O., S. 215
104) ebenda, S. 234
105) ders., „Mit Gott und den Faschisten", S. 236
106) ders., „Die Politik der Päpste ...", Teil 2, S. 221
107) ders., „Mit Gott und den Faschisten", S. 236-238
108) ders., „Die Politik der Päpste ..." Teil, 2, S. 223
109) die richtige Schreibung wäre: Sabor
110) Deschner, a.a.O., S. 230
111) Vladimir Dedijer, „Jasenovac, das jugoslawische Auschwitz und der Vatikan", S. 170

112) Deschner, a.a.O., S. 241

113) ebenda, S. 252

114) „Dijamante je Tuđmanu donio kardinal Kuharić", Jutarnji List, 29.9.2008

115) ders., „Mit Gott und den Faschisten" ´, S. 243

116) Julia Gorin, „Mass Grave of History", Jerusalem Post, 22.2.2010

117) Deschner, "Mit Gott und den Faschisten", S. 257

118) Avro Manhattan, „Der Vatikan und das XX. Jahrhundert", S. 207

119) Katholisches Sonntagsblatt Würzburg, 14.8.2011

120) John Cornwell, „Pius XII. – Der Papst, der geschwiegen hat", S. 345 f.

121) Die Woche, 29.10.1999

122) Klaus Kühlwein, „Die Legende vom Retter der Juden", Frankfurter Rundschau, 14.12.2010

123) Klaus Kühlwein, „Warum der Papst schwieg", S. 56

124) Friedrich Heer, „Gottes erste Liebe", S. 406

125) Süddeutsche Zeitung, 10.1.2011

126) Ernst-Wolfgang Böckenförde, „Kirche und christlicher Glaube in den Herausforderungen der Zeit", Berlin 2007, S. 453

127) Deschner, „Die Politik der Päpste ...", Teil 2, S. 312

128) ebenda, S. 583

129) Wolfgang Jung, „Konfessionenkrawall", Main-Post, 10.11.2010

130) Deschner, a.a.O., S. 373

131) ebenda, S. 373 f.

132) ebenda, S. 404

133) „Wer sitzt auf dem Stuhl Petri?", Band 3, S. 25

134) Deschner, a.a.O., S. 344

135) ebenda, Teil 1, S. 461

136) ebenda

137) ebenda, Teil 2, S. 374

138) ders., „Kirche und Faschismus", S. 90

139) ders., „Die Politik der Päpste ...", Teil 2, S. 425 f.

140) Angelusgebet vom 29.7.2007, nachzulesen auf der offiziellen Vatikan-Homepage www.vatican.va

141) J.R. Grigulevich, Ketzer-Hexen-Inquisitoren, S. 469

142) Hans Erich Lampl, „Die Mariendogmen", in: Karlheinz Deschner (Hg), „Der gefälschte Glaube", S. 262

143) ebenda, S. 266

144) Deschner, „Die Politik der Päpste ...", Teil 2, S. 292

145) Cornwell, „Pius XII. ...", S. 185

146) Radio Vatikan, 10.4.2010

147) Südtirol online., 8.11.2008

148) Deschner, „Die Politik der Päpste ...", Teil 2, S. 474

149) ebenda, S. 478
150) ebenda, S. 477
151) ebenda
152) ebenda, S. 480
153) Näheres hierzu in: „Der Schattenwelt neue Kleider – Klimawandel: Gott hat rechtzeitig gewarnt", Verlag Das Wort
154) Neuner/Roos (Hg), „Der Glaube der Kirche in den Urkunden der Lehrverkündigung", Randnr. 381
155) ebenda, Randnr. 373
156) „Jeder Reformer muss Angst vor Rom haben", Spiegel online, 18.12.2011
157) Uli Weyland, „Strafsache Vatikan", 2002, S. 457
158) Geoffrey Robertson, „Angeklagt: Der Papst", S. 103
159) ebenda, S. 89
160) ebenda, S. 97
161) „Irischer Kardinal denkt nicht an Rücktritt", Sächsische Zeitung, sz-online, 17.3.2010
162) Robertson, „Angeklagt: Der Papst", S. 90
163) ebenda, S. 104 f.
164) Marianne Sammer, „Mutter Teresa – Leben, Werk, Spiritualität", S. 98 f.
165) ebenda, S. 100
166) ebenda, S. 82
167) „Nehmen ist seliger denn geben", Der Stern, 17.9.98, S. 220
168) ARD, 25.8.2010, 23.30 Uhr
169) Der Stern, ebenda
170) „Licht auf den Straßen von Kalkutta", Frankfurter Rundschau, 17.10.2003
171) Der Stern, ebenda
172) Welt am Sonntag, 6.11.2011
173) Der Stern, a.a.O., S. 218
174) „Besessen vom Leid", Frankfurter Rundschau 13.9.2007
175) Jan Roß, „Tagebuch: Keine Liebe, kein Glaube", Die Zeit, Nr. 38, 13. September 2007, S. 57
176) „Johannes Paul ist kein Vorbild", Frankfurter Rundschau, 29.4.2011
177) „War Wojtyla der Antichrist?", Neues Deutschland, 29.4.2011
178) „Polen: Streit um Blut des Papstes als Reliquie", Die Presse (Wien), 14.1.2011
179) „Der Duft der Heiligkeit", Berliner Zeitung, 2.5.2011
180) „Johannes Paul ist kein Vorbild", Frankfurter Rundschau, 29.4.2011
181) Hanspeter Oschwald, „Auf der Flucht vor dem Kaplan", S. 189
182) Hubertus Mynarek, Der polnische Papst", S. 14

183) „Wer sitzt auf dem Stuhl Petri?", Band 2, S. 72 f.
184) „Vatikan bereitet lukrative Seligsprechung vor", Wirtschaftsblatt.at, 14.4.2011
185) „Der Duft der Heiligkeit", Berliner Zeitung, 2.5.2011
186) „War Wojtyla der Antichrist?", Neues Deutschland, 29.4.2011
187) zit. nach Hubertus Mynarek, „Der polnische Papst", S. 100
188) „Kritik an Papst-Seligsprechung – Diktatoren stützen, die Armen verraten", Spiegel online, 27.4.2011
189) Näheres hierzu: „Wer sitzt auf dem Stuhl Petri?", Band 2, S. 96 ff.
190) Der Spiegel, Nr. 1/2000
191) „Gottes schmutziger Legionär", Stern Nr. 15/2010
192) ebenda
193) Hanspeter Oschwald, „Auf der Flucht vor dem Kaplan", S. 169
194) „Unselige Freundschaft", Frankfurter Rundschau, 16.10.2010
195) „Wie selig ist Johannes Paul II., vormals Papst und Schutzpatron der Kinderschänder?", Profil.at, 24.4.2010
196) Mynarek, „Der polnische Papst", S. 149
197) ebenda, S. 159
198) ebenda, S. 155
199) ebenda, S. 150
200) Spiegel Spezial 3/2005, S. 91
201) Karlheinz Deschner, „Memento", S. 177 f.
202) Publik-Forum, 31.5.1991
203) Deschner, „Memento", S. 181
204) Näheres hierzu in: „Der Schattenwelt neue Kleider", S. 38 ff.
205) Herbert Rosendorfer, „Deutsche Geschichte", dtv, Band 2, 3. Aufl., S. 104 f.
206) „Der Schattenwelt neue Kleider", S. 36 f.
207) Mynarek, „Der polnische Papst", S. 39
208) ebenda, S. 87
209) ebenda, S. 93, 91
210) ebenda, S. 63
211) ebenda, S. 64
212) ebenda, S. 67
213) ebenda, S. 65
214) Johannes Paul II., „Die Schwelle der Hoffnung überschreiten", S. 98
215) Mynarek, „Der polnische Papst, S. 112
216) ebenda, S. 116
217) ebenda, S. 30
218) ebenda, S. 116
219) Hanspeter Oschwald, „Auf der Flucht vor dem Kaplan", S. 169

Literaturverzeichnis

Besier, Gerhard: Der Heilige Stuhl und Hitler-Deutschland – die Faszination des Totalitären, DVA München 2004

Böckenförde, Ernst-Wolfgang: Kirche und christlicher Glaube in den Herausforderungen der Zeit, Berlin 2007

Cornwell, John: Der Papst, der geschwiegen hat, C.H.Beck München, 1999

Dedijer, Vladimir: Jasenovac, das jugoslawische Auschwitz und der Vatikan, Ahriman Freiburg, 6. Auflage 2011

Der Schattenwelt neue Kleider – Klimawandel: Gott hat rechtzeitig gewarnt, Das Wort Marktheidenfeld 2006

Deschner, Karlheinz: Mit Gott und den Faschisten, Hans E. Günther Stuttgart 1965

ders.(Hg): Der gefälschte Glaube, Heyne München 1980

ders.: Die beleidigte Kirche, Ahriman Freiburg, 1986

ders.: Opus diaboli, Reinbeck Hamburg 1987

ders.: Die Politik der Päpste im 20. Jahrhundert, Rowohlt Neuausgabe 1991

ders.: Abermals krähte der Hahn, btb Goldmann, 3. Aufl. 1996

ders.: Memento!, Rowohlt 1999

Dostojewski, Fjodor: Der Großinquisitor, Insel Frankfurt 1966

Godman, Peter: Der Vatikan und Hitler – die geheimen Archive, Droemer München 2004

Grigulevich, J.R.: Ketzer-Hexen-Inquisitoren, Ahriman Freiburg 1995

Heer, Friedrich: Gottes erste Liebe, Herbig München 1981

Johannes Paul II.: Die Schwelle der Hoffnung überschreiten, Hoffmann und Campe Hamburg 1994

Kühlwein, Klaus: Warum der Papst schwieg – Pius XII. und der Holocaust, Patmos Düsseldorf 2008

Löhde, Walter: Das päpstliche Rom und das deutsche Reich, Hans Pfeiffer Hannover 1964

Lohrmann, Klaus: Die Päpste und die Juden – 2000 Jahre zwischen Verfolgung und Versöhnung, Patmos Düsseldorf 2008

Manhattan Avro: Der Vatikan und das XX. Jahrhundert, Struckum ca. 1991

Mynarek, Hubertus: Verrat an der Botschaft Jesu, Das Wort Rottweil 1986

ders.: Der polnische Papst, Ahriman Freiburg 2005

ders.: Papst-Entzauberung, Norderstedt 2007

Neuner, Josef und Roos, Heinrich (Hg); Der Glaube der Kirche in den Urkunden der Lehrverkündigung, Friedrich Pustet Regensburg, 13. Aufl. 2009

Oschwald, Hanspeter: Pius XII. – Der letzte Stellvertreter, Gütersloher Verlagshaus 2008

ders.: Auf der Flucht vor dem Kaplan, Piper Zürich 2011

Robertson, Geoffrey: Angeklagt: der Papst, Gabriele-Verlag Das Wort Marktheidenfeld 2011

Rosendorfer, Herbert: Deutsche Geschichte, dtv München, 4 Bände, ab 2000

Sammer, Marianne: Mutter Teresa – Leben, Werk, Spiritualität, C.H.Beck München 2010

Wer sitzt auf dem Stuhl Petri?, Verlag Das Wort Marktheidenfeld, 3 Bände 2005/6

Weyland, Uli: Strafsache Vatikan – Jesus klagt an, Das Weiße Pferd Marktheidenfeld 2002

Wolf, Hubert: Papst & Teufel – Die Archive des Vatikan und das Dritte Reich, C.H.Beck München, 2. Aufl. 2009

Abbildungsnachweis

Der Autor

Der Autor: Diplom-Sozialwirt Matthias Holzbauer,
geboren 1956 in Nürnberg, studierte in Nürnberg Sozialwis-
senschaften. Seit 1983 lebt und arbeitet er als Journalist und
Buchautor im Raum Würzburg.
Veröffentlichungen:
Der Steinadler und sein Schwefelgeruch –
Das neue Mittelalter (2004),
Verfolgte Gottsucher – Der Strom des Urchristentums in der
Geschichte (2004),
Der Schattenwelt neue Kleider – Klimawandel: Gott hat
rechtzeitig gewarnt (2006),
Des Satans alte Kleider – Gott ist die Wahrheit, der Satan die
Lüge (2009)

Das längst fällige Tribunal

Strafsache Vatikan

JESUS klagt an / von Uli Weyland

Ein längst überfälliger Strafprozess ist es, der in Rom unter Ausschluss der Öffentlichkeit stattfindet: Jesus von Nazareth selbst tritt als Chefankläger auf und konfrontiert in der Sixtinischen Kapelle beispielhaft 46 Päpste der Geschichte mit ihren Untaten – bis hin zum Ende des 20. Jahrhunderts.

Nicht zufällig wählt der Journalist Uli Weyland Rom als Schauplatz für seinen fesselnden Roman, der auf historischen Tatsachen beruht. Denn von dort breitete sich das Unheil über die Welt aus: Die Kirche, angeblich angetreten, um das "Seelenheil" der Menschen zu retten und "Nächstenliebe" vorzuleben, hat von Anbeginn an nur Machtinteressen verfolgt. Zu deren Durchsetzung ist ihr jedes Mittel recht: von Amtsmissbrauch über Erpressung, Fälschung, Justizmord bis zur Unterstützung von kriminellen Vereinigungen und Kriegsverbrechern. Sie schreckte nicht vor Verstößen gegen die Menschenrechte, vor Volksverhetzung und Völkermord zurück. All das wirft Jesus aus Galiläa den selbsternannten "Stellvertretern" auf dem "Stuhl Petri" vor.

Buch, Taschenbuchausgabe, 1. Auflage, Marktheidenfeld 2002, kart., 528 S., € 19,80 , ISBN 978-3-9808322-2-9
Verlag DAS WEISSE PFERD
Max-Braun-Straße 2, 97828 Marktheidenfeld
Fax: 09391/504-210 / info@das-weisse-pferd.com

Geschichte und Gegenwart
der Verfolgung religiöser Minderheiten

Der Steinadler
und sein Schwefelgeruch - Das neue Mittelalter
von Matthias Holzbauer

Schon Jesus von Nazareth wurde von den Priestern und Theologen Seiner Zeit als "Feind des Kaisers" bei der römischen Staatsgewalt angeschwärzt. Seit dieser Zeit wiegeln kirchliche Obrigkeiten immer wieder den Staat gegen die "Ketzer"-Bewegungen auf, die das Christentum in seiner ursprünglichen Form wiederbeleben wollen.

Und ähnlich wie im Mittelalter bekämpfen die Kirchen auch heute wieder neue religiöse Bewegungen mit den Mitteln des Rufmords und der Verleumdung. Am Beispiel der Nachfolger des Jesus von Nazareth im Universellen Leben zeigt der Journalist und Soziologe Matthias Holzbauer auf, wie bestimmte Kirchenvertreter heute die "religiöse Konkurrenz" zu vernichten versuchen: Indem sie wiederum den Staat gegen religiöse Minderheiten aufhetzen. Der Staats-Adler soll zum Stein-Adler werden, der sich von den Kirchen dazu abrichten lässt, Steine auf die eigenen Bürger zu werfen, die das "falsche" Gebetbuch haben ...

Buch, 1. Auflage, Marktheidenfeld 2003, kart., 464 S., geb.
€ 14,90, ISBN 978-3-9808322-3-6
Verlag DAS WEISSE PFERD
Max-Braun-Straße 2, 97828 Marktheidenfeld
Fax: 09391/504-210 / info@das-weisse-pferd.com

Mutige Opfer der Kirche

Verfolgte Gottsucher

Der Strom des Urchristentums in der Geschichte

von Matthias Holzbauer

Sie wurden vertrieben, zwangsbekehrt, getötet. Doch so wie Pilze über Nacht aus dem Boden wachsen, tauchen sie immer wieder auf: spirituelle Bewegungen, die abseits der verhärteten Machtkirchen ein ursprüngliches, unverfälschtes Christentum anstrebten. Der Strom des Urchristentums ist in der Geschichte nie wirklich versiegt – und er strömt bis in unsere Tage ...

Aus dem Inhalt: Markioniten, Montanisten, Manichäer, Origenes und die Arianer, Paulikianer, Iro-Schotten, Bogumilen, Katharer, Savonarola, Waldenser, Hussiten, Täufer.

*Buch, 1. Auflage, Marktheidenfeld 2004, 112 S., kart.,
€ 9,80, ISBN 978-3-9808322-5-0
Verlag DAS WEISSE PFERD
Max-Braun-Straße 2, 97828 Marktheidenfeld
Fax: 09391/504-210 / info@das-weisse-pferd.com*